Receitas de que toda Criança = gosta! =

Cristina Favaro

Delícias doces e salgadas

Os direitos desta edição pertencem à
Editora Pé da Letra
Rua Coimbra, 255 - Jd. Colibri - Cotia, SP, Brasil
Tel.(11) 3733-0404
vendas@editorapedaletra.com.br / www.editorapedaletra.com.br

Esse livro foi elaborado e produzido pelo Sr. Aranda Estúdio:
Coordenação Fabiano Flaminio
Autora Cristina Favaro
Capa, Projeto Gráfico e Diagramação Adriana Oshiro

Impresso no Brasil, 2023

Dados Internacionais de Catalogação na Publicação (CIP)
Angélica Ilacqua - CRB-8/7057

Favaro, Cristina
 Receitas de que toda criança gosta : Delícias doces e salgadas / Cristina Favaro. – 1 ed. – Cotia, SP : Pé da Letra, 2023.
 120 p. : il.

 ISBN: 978-65-5888-806-2

 1. Culinária I. Título

23-3698   CDD 641.5

Índices para catálogo sistemático:
1. Culinária

FOTOS (em ordem de aparição - Shutterstock.com): *Yurich20; Marian Weyo; nblx; AS Foodstudio; Valery121283; flanovais; istetiana; Kelly Marken; Cassiano Correia; Iuliia Timofeeva; Brent Hofacker; Brenda Rocha - Blossom; Brent Hofacker; Svetlana Monyakova; juancarlosponce; FOTOADICTA; iuliia_n; AS Foodstudio; captainmilos; The Creative Family; Ulyana Khorunzha; Odu Mazza; lovelypeace; rocharibeiro; Aris Setya; Ozgur Senergin; Joanna 12; Larisa Blinova; Maren Winter; Olga Nayashkova; Ahanov Michael; gowithstock; K2 PhotoStudio; Jobz Fotografia; kuslandia; Jorge Torres M; margouillat photo; Tamara Lopes; Paulo Vilela; Jacek Chabraszewski; GSDesign; gowithstock; Tania Bertoni; rlat; Nadiia Loboda; Elena Hramova; bnetto; Coolscene; Ildi Papp; Rosdaniar; Jobz Fotografia; Giovanni Seabra Baylao; Kritchai7752; Street Food Guru; Felipe Gaspar; sweet marshmallow; lhmfoto; DronG; MaraZe; Kritchai7752; Karen Grau; JJava Designs; Brent Hofacker; Steph Mattioli; Nagy Julia; Ryzhkov Photography; etorres; nadianb; margouillat photo; zi3000; ilolab; Tatjana Baibakova; rodrigobark; WS-Studio; Nataliya Arzamasova; CAR.I; Ika Rahma H; flanovais; Marcus Z-pics; Yellyana; Paulo Nabas; Klahan; MohHassan; Dheni Moura; Wallace Teixeira; Amallia Eka; David Pimborough; Nikolaeva Galina; Alena_Kos; itaci; rafastockbr; Goskova Tatiana; Spalnic; pessaris; vivooo; flanovais; WS-Studio; irina2511; rodrigobark; rocharibeiro; New Africa; Anna Lohachova; Enez Selvi; Anna Shepulova; WS-Studio; Nina Firsova; Carpeira; RHJPhtotos.* **ILUSTRAÇÕES:** *Freepik e Pixabay.*

Todos os direitos reservados. Nenhuma parte desta publicação pode ser reproduzida, armazenada em um sistema de recuperação ou transmitida, de qualquer forma ou por qualquer meio, eletrônico, mecânico, fotocopiador, de gravação ou outro, sem autorização prévia por escrito, de acordo com as disposições da Lei 9.610/98. Qualquer pessoa ou pessoas que pratiquem qualquer ato não autorizado em relação a esta publicação podem ser responsáveis por processos criminais e reclamações cíveis por danos. Esta editora empenhou-se em contatar os responsáveis pelos direitos autorais de todas as imagens e de outros materiais utilizados neste livro. Se, porventura, for constatada a omissão involuntária na identificação de algum deles, dispomo-nos a efetuar, futuramente, os possíveis acertos.

Apresentação

Bem-vindos ao maravilhoso mundo da culinária! Este livro de receitas foi especialmente elaborado para os pequenos chefs que desejam explorar o prazer da cozinha. Aqui, você encontrará uma coleção divertida e deliciosa de receitas fáceis de seguir, projetadas para despertar a imaginação e o amor pela culinária.

Preparamos uma variedade de pratos saborosos e saudáveis que não apenas alimentarão seu corpo, mas também a criatividade. Sabemos que cozinhar pode ser uma experiência mágica e recompensadora, e este livro é o seu ingresso para uma jornada de descobertas emocionantes.

Cada receita foi cuidadosamente selecionada para ser adequada a crianças de todas as idades, com instruções claras para ajudá-las ao longo do caminho. Desde lanches nutritivos, pratos principais coloridos e sobremesas irresistíveis, temos tudo que você precisa para se tornar um verdadeiro mestre na cozinha.

Então, coloque seu avental, pegue sua colher de pau e vamos começar essa jornada saborosa juntos! Com este livro de receitas, esperamos inspirar uma paixão duradoura pela culinária enquanto você se diverte, aprende e compartilha momentos preciosos com sua família e amigos. Afinal, a cozinha é um lugar onde a magia acontece e os sorrisos se tornam o ingrediente principal de cada prato.

Aqui, incentivamos a experimentação e a imaginação. Não tenha medo de colocar seu toque pessoal em cada prato - adicionar um ingrediente secreto ou fazer uma decoração criativa. Afinal, a culinária é uma forma de arte e cada refeição é uma oportunidade de criar algo único e especial.

Índice

DICAS IMPORTANTES 6

Saladas Refrescantes

Salada de Espinafre com Manga e Avocado 9
Salada Fácil 10
Salada de Folhas, Ovos e Frango 11
Salada de Macarrão com Atum 12
Salada Primavera 13

Lanches e Petiscos

Cachorro-quente Caseiro 15
Chips de Batata-doce 16
Chips de vegetais 17
Coxinha de Vegetais 18
Crepioca com Tomate e Rúcula 19
Cupcake de Abobrinha 20
Cuscuz com Queijo 21
Hambúrguer de Feijão 22
Hambúrguer de Grão-de-bico 23
Mini-hambúrguer Caseiro 24
Misto-quente Incrementado 25
Muffin de Espinafre 26
Muffin de Milho 27
Muffin de Pizza 28
Pão de Abóbora com Chia 29
Pão de Beterraba 30
Pão de Mandioquinha 31
Pão de Queijo com Tapioca 32
Pão de Queijo de Liquidificador 33
Pastel de Forno 34
Patê de Castanha de Caju 35
Patê de Lentilha com Manjericão 36
Pizza com Massa de Brócolis 37
Pizza com Massa de Couve-flor 38
Pizza de Frigideira 39
Pizza de Liquidificador 40
Sanduíche de Atum 41
Sanduíche de Frango Grelhado 42
Torta Integral de Legumes 43

Pratos Principais

Abobrinha Recheada 45	Macarrão à Bolonhesa 65
Almôndegas com Queijo 46	Macarrão Caprese 66
Batata Recheada 47	Macarrão à Carbonara 67
Escondidinho de Carne Seca 48	Macarrão com Brócolis 68
Estrogonofe de Carne 49	Macarrão com Legumes e Frango 69
Filé de Peixe com Batatas 50	Macarrão Hot Dog 70
Filé de Frango com Crosta de Aveia 51	Macarrão ao Molho Pesto 71
Filé de Frango com Requeijão e Brócolis .. 52	Omelete 72
Frango Xadrez 53	Purê de Batatas com Queijo 73
Gratinado de Salsicha e Batatas 54	Purê de Mandioquinha com Carne Moída 74
Panqueca Colorida 55	Risoto de Carne e Queijo 75
Panqueca de Abobrinha 56	Risoto de Couve-flor e Camarões 76
Quibe Assado 57	Sopa de Carne com Legumes 77
Yakisoba 58	Sopa de Tomate 78
Arroz com Legumes 59	Suflê de Cenoura 79
Arroz de Forno 60	Espetinho de Peixe com Legumes 80
Bolinho de Arroz 61	Nuggets Caseiros 81
Caldo de Feijão 62	Sopa de Ervilha 82
Creme de Milho 63	Kafta 83
Lasanha ao Molho Quatro Queijos 64	

Sobremesas Irresistíveis

Bolinho de Chuva 85	Docinho de Leite em Pó 102
Bolo de Aveia com Cacau 86	Gelatina com Iogurte 103
Bolo de Banana com Uvas-passas 87	Iogurte Caseiro 104
Bolo de Banana 88	Mousse de Chocolate 105
Bolo de Cenoura com Cobertura de Chocolate 89	Macarons 106
Bolo de Chocolate 90	Mousse de Limão 108
Bolo de Pão de Queijo 91	Palha Italiana 109
Bolo no Pote com Brigadeiro 92	Panqueca de Banana 110
Bolota de Cereais Caseira 93	Petit Gateau 111
Biscoito de Nata 94	Pudim de Leite Condensado 112
Brigadeirão de Micro-ondas 95	Salada de Frutas com Iogurte 113
Brigadeiro de Colher 96	Sorvete de Banana 114
Brownie de Batata-Doce 97	Taça de Morango 115
Cereais com Chocolate 98	Tiramisu 116
Cheesecake 99	Milkshake de Chocolate 117
Cookies de Pasta de Amendoim 100	Banana com Chocolate 118
Creme de Papaia com Laranja 101	Salame de Chocolate 119
	Rabanada 120

Dicas importantes

Cozinhar é uma atividade divertida e emocionante, especialmente para minichefs que estão ansiosos para experimentar suas habilidades culinárias. No entanto, é importante lembrar que a cozinha também pode ser um lugar perigoso, especialmente para crianças. Portanto, aqui estão alguns cuidados importantes que os minichefs devem ter ao entrar na cozinha:

1 Antes de começar qualquer aventura culinária, certifique-se de ter a supervisão de um adulto responsável. Ele pode orientá-lo sobre os utensílios corretos a serem usados e como manuseá-los com segurança.

2 Minichefs devem usar utensílios de cozinha adequados para sua idade. Facas afiadas e objetos cortantes devem ser manuseados apenas por adultos. Opte por utensílios de plástico, facas sem ponta, colheres de pau e espátulas, que são mais seguros para as crianças.

3 Sempre lave bem as mãos com água e sabão antes de começar a preparar alimentos. Isso ajuda a evitar a propagação de germes e mantém a comida limpa e segura para o consumo.

4 O fogo e o calor são perigosos. Certifique-se de que as panelas e frigideiras estejam sempre com os cabos voltados para dentro do fogão, assim você evita que elas sejam derrubadas acidentalmente. Lembre-se de usar luvas de forno ou pegadores ao manusear recipientes quentes.

5 Siga as receitas cuidadosamente e peça ajuda quando necessário. Medir os ingredientes com precisão é importante para garantir que sua criação culinária seja saborosa e bem-sucedida. Peça a um adulto para ajudá-lo a ligar e desligar o fogo, bem como a regular a temperatura corretamente.

6 Sempre limpe qualquer derramamento imediatamente para evitar acidentes. A cozinha pode ficar escorregadia quando alimentos ou líquidos são derramados no chão. Além disso, ao mexer panelas ou frigideiras com líquidos quentes, tome cuidado para não se queimar com respingos.

7 Após terminar de cozinhar, lembre-se de limpar a área de trabalho, lavar os utensílios e guardar os ingredientes corretamente. Isso manterá a cozinha organizada para a próxima aventura culinária.

Lembre-se: cozinhar é uma habilidade maravilhosa para se aprender, mas requer atenção e cuidado. Seguindo essas dicas, você estará preparado para criar deliciosas refeições com segurança.

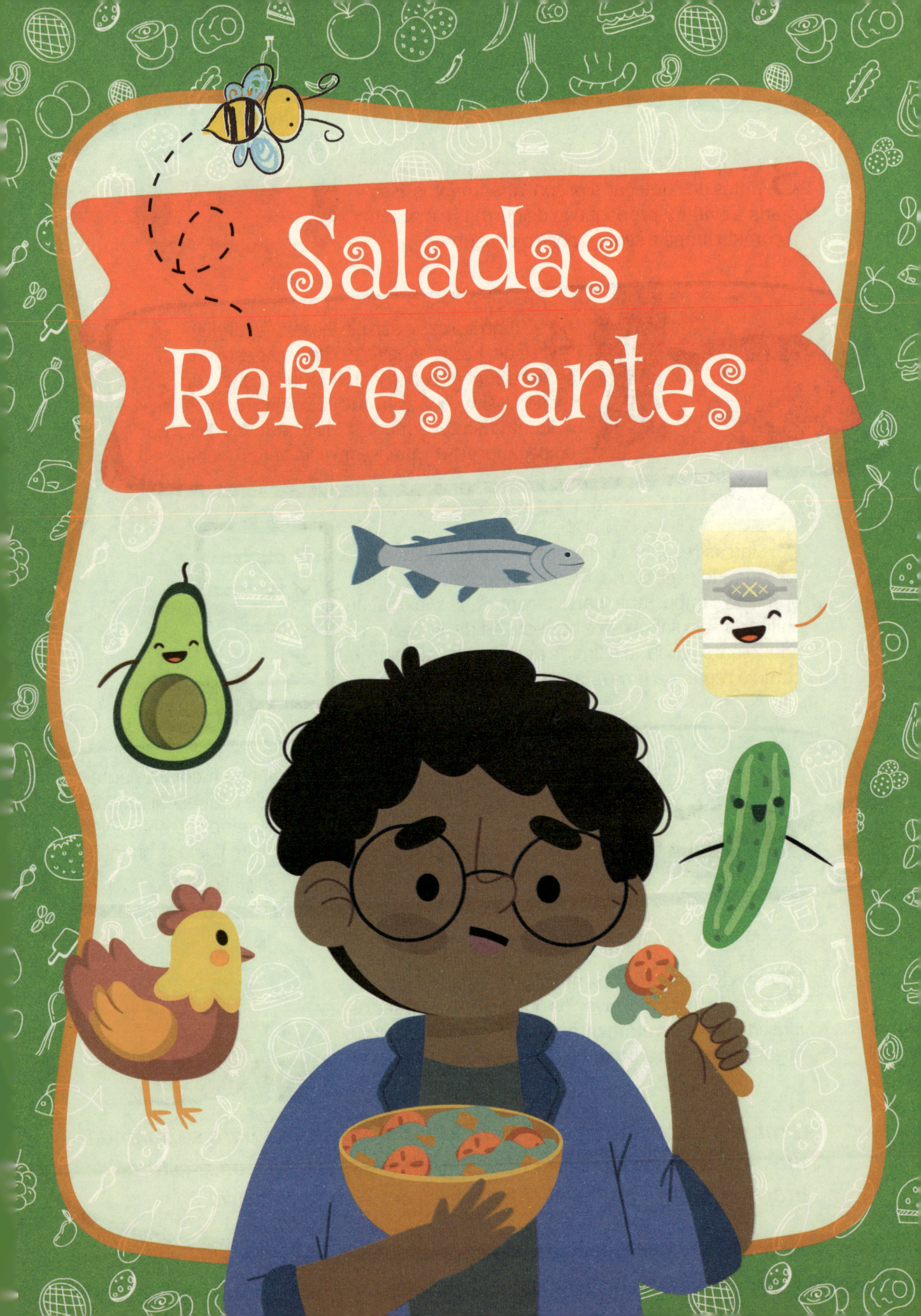

Salada de Espinafre com Manga e Avocado

Ingredientes:
- 4 xícaras de espinafre fresco
- 1 manga madura, descascada e cortada em cubos
- 1 avocado maduro, descascado e cortado em cubos
- ¼ de xícara de tomate cereja fatiado
- ¼ de xícara de amêndoas fatiadas (opcional)

Molho:
- 2 colheres de sopa de azeite
- 2 colheres de sopa de suco de limão
- 1 colher de sopa de mel
- 1 colher de chá de mostarda
- Sal a gosto

Modo de preparo:
Em uma tigela grande, misture o espinafre, a manga e o avocado. Se estiver usando amêndoas, adicione também. Em uma tigela pequena, misture todos os ingredientes do molho até ficar homogêneo. Despeje-o sobre a salada e misture delicadamente para cobrir todos os ingredientes. Sirva imediatamente e aproveite!

O avocado colabora com o controle do estresse e previne o envelhecimento precoce!

Salada Fácil

Ingredientes:
- 1 pé de alface de sua preferência
- 1 tomate
- 1 pepino
- 1 cebola roxa pequena
- 2 colheres de sopa de azeite
- 2 colheres de sopa de vinagre
- Azeitona preta sem caroço
- Queijo branco (opcional)
- Sal a gosto

Modo de preparo:
Lave bem todos os ingredientes. Corte a alface em pedaços pequenos e coloque em uma tigela grande. Corte os tomates, fatie o pepino e a cebola em pedaços finos e acrescente à mistura. Adicione as azeitonas e o queijo (se estiver usando). Tempere a salada com azeite, vinagre e sal a gosto. Misture tudo delicadamente para incorporar os temperos.
Sirva imediatamente.

O vinagre tem ação antibacteriana e ajuda a melhorar a digestão.

Salada de Folhas, Ovos e Frango

Ingredientes:
- 2 xícaras de folhas verdes variadas (alface, rúcula, agrião, etc.)
- 1 peito de frango cozido e fatiado
- 2 ovos cozidos e fatiados
- Tomates fatiados
- Sal a gosto
- 1 colher de sopa de azeite
- 1 colher de sopa de vinagre balsâmico
- Croutons a gosto

Modo de preparo:
Lave as folhas verdes e arrume-as em uma tigela grande. Adicione o frango por cima. Coloque as fatias de ovos e de tomate sobre o frango. Tempere a salada com sal a gosto. Regue com o azeite e o vinagre balsâmico. Misture tudo delicadamente para que os ingredientes se incorporem. Distribua os croutons à vontade.

A carne de frango contribui para fortalecer o organismo, pois aumenta a nossa imunidade.

Salada de Macarrão com Atum

Ingredientes:
- 500 g de macarrão tipo parafuso
- 2 latas de atum sólido em água
- 1 cebola média picada
- 1 xícara de tomate cereja
- ½ xícara de azeitonas pretas
- ½ xícara de maionese
- 1 colher de sopa de mostarda
- Suco de 1 limão
- Sal a gosto

Modo de preparo:
Cozinhe o macarrão de acordo com as instruções da embalagem. Escorra e deixe esfriar. Enquanto o macarrão esfria, misture a maionese, a mostarda, o suco de limão e o sal em uma tigela grande. Adicione o atum escorrido, a cebola picada e as azeitonas à mistura de maionese e mexa bem. Acrescente o macarrão à tigela e misture tudo até que o macarrão esteja completamente coberto pelo atum e a maionese. Cubra a tigela e leve à geladeira por pelo menos 1 hora. Sirva a salada acompanhada de folhas verdes ou torradas de pão, se desejar.

O atum é fonte de ômega-3, uma gordura essencial ao organismo.

Salada Primavera

Ingredientes:
- 4 xícaras de folhas verdes de sua preferência (alface, rúcula, agrião, etc.)
- 1 xícara de pepino em rodelas
- ½ xícara de cebola em rodelas
- ½ xícara de queijo de sua preferência em cubos
- ¼ xícara de azeitonas pretas
- ¼ xícara de vinagrete de sua preferência
- Orégano para salpicar

Modo de preparo:
Lave e escorra bem as folhas verdes e coloque-as em uma tigela grande. Adicione os tomates, os pepinos, as cebolas, o queijo e as azeitonas. Misture tudo delicadamente. Regue a salada com o vinagrete e salpique o orégano.

O pepino é rico em substâncias antioxidantes poderosas, por isso faz bem ao nosso organismo.

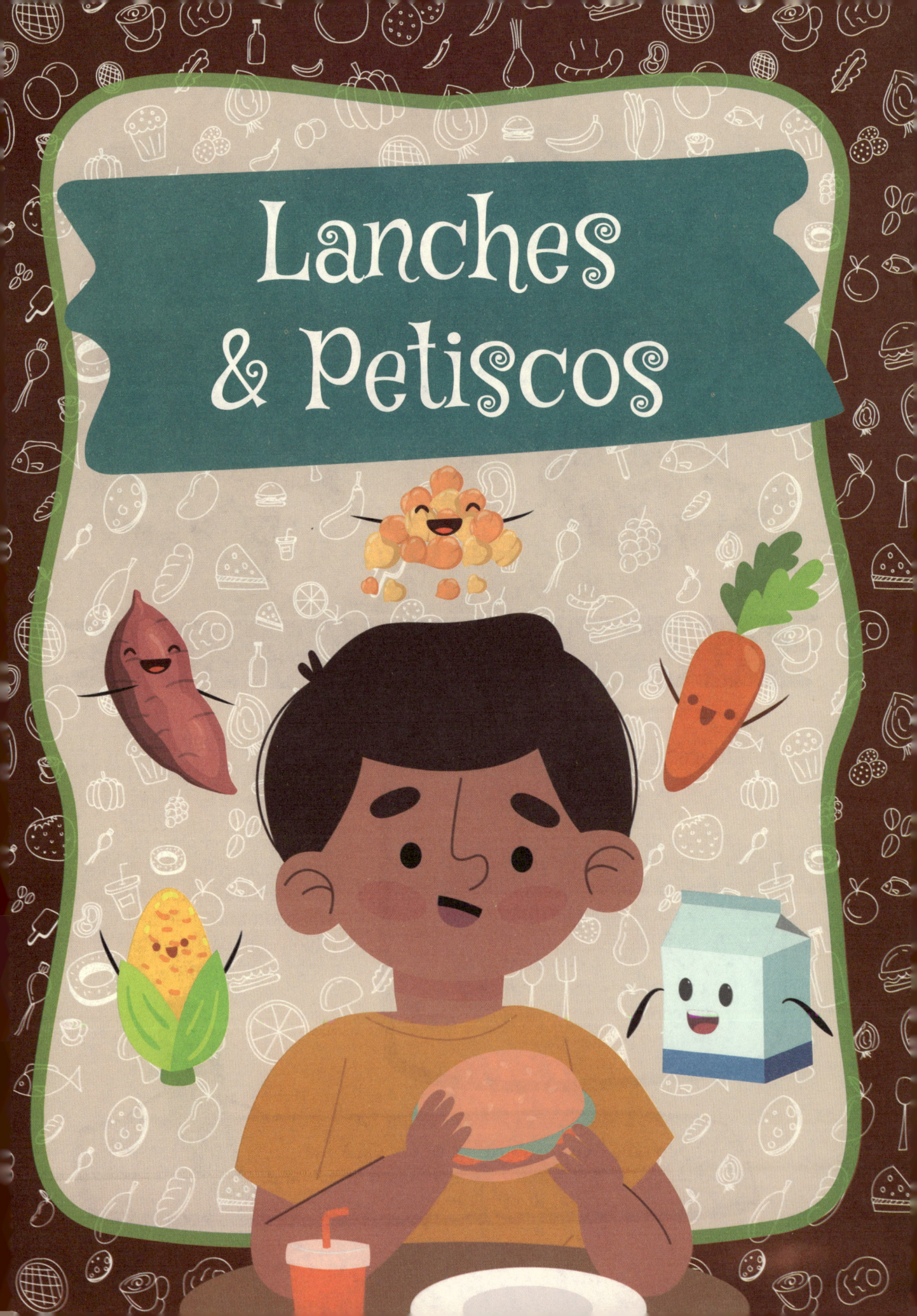

Cachorro-quente Caseiro

Ingredientes:
- Salsichas (de acordo com o número de pessoas)
- Pão de cachorro-quente
- Molho de tomate
- Mostarda
- Ketchup
- Batata palha

Modo de preparo:
Coloque água em uma panela e deixe ferver. Adicione as salsichas e cozinhe por cerca de 5 minutos ou até que estejam macias. Enquanto as salsichas estão cozinhando, corte o pão de cachorro-quente ao meio. Em outra panela, aqueça o molho de tomate. Quando as salsichas estiverem prontas, retire-as da panela e coloque-as em uma assadeira. Adicione molho de tomate às salsichas. Coloque a assadeira no forno pré-aquecido a 180°C por cerca de 5 minutos. Em seguida, coloque as salsichas no pão e adicione mostarda, ketchup e batata palha a gosto.

A cebola faz bem para os ossos e ajuda a reduzir o açúcar no sangue.

Chips de Batata-doce

Ingredientes:
- 2 batatas-doces médias
- 2 colheres de sopa de azeite
- Sal a gosto

Modo de preparo:
Lave as batatas-doces e corte-as em fatias bem finas. Coloque as fatias em uma tigela e adicione o azeite e o sal. Misture bem para que as fatias fiquem temperadas por igual. Pré-aqueça o forno a 200°C. Disponha as fatias de batata-doce em uma assadeira forrada com papel manteiga, deixando um pequeno espaço entre elas. Leve ao forno por cerca de 20 a 25 minutos, ou até que as bordas fiquem douradas e crocantes. Retire do forno e deixe esfriar por alguns minutos antes de servir.

Dica: você pode usar outras especiarias para temperar os chips de batata-doce, como páprica, cominho ou curry.

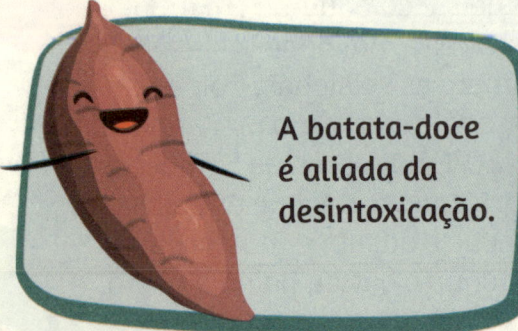

A batata-doce é aliada da desintoxicação.

Chips de Vegetais

Ingredientes:
- 2 cenouras médias
- 2 batatas-doces médias
- 2 beterrabas médias
- Algumas vagens
- 2 colheres de sopa de azeite
- Alguns cogumelos (de sua preferência) cortados grosseiramente (opcional)
- Sal a gosto

Modo de preparo:
Pré-aqueça o forno a 200°C. Descasque e corte as cenouras, as batatas-doces e as beterrabas em fatias finas e uniformes. Corte as pontas das vagens. Coloque os vegetais e os cogumelos em uma tigela grande e adicione o azeite e o sal. Misture bem. Coloque-os em uma assadeira forrada com papel manteiga, certificando-se de que não fiquem sobrepostos. Asse no forno por cerca de 20 a 25 minutos ou até que estejam crocantes e dourados. Vire os vegetais na metade do tempo para garantir que fiquem dourados por igual. Retire do forno e deixe esfriar antes de servir.

A cenoura previne o envelhecimento, câncer, protege a visão e prolonga o bronzeado.

Coxinha de Vegetais

Ingredientes:
- 1 xícara de chá de farinha de trigo
- 1 xícara de chá de água
- 2 colheres de sopa de azeite
- 1 colher de chá de sal
- 1 cebola picada
- 2 dentes de alho picados
- 1 xícara de chá de brócolis picados
- 1 xícara de chá de couve-flor picada
- 1 xícara de chá de cenoura ralada
- ½ xícara de chá de milho verde
- ½ xícara de chá de ervilha
- 1 colher de sopa de amido de milho
- Farinha de rosca para empanar
- Óleo para fritar

Modo de preparo:
Em uma panela, aqueça o azeite e refogue a cebola e o alho até ficarem macios. Acrescente os vegetais picados (brócolis, couve-flor e cenoura) e refogue por alguns minutos até que fiquem levemente macios. Adicione o milho verde e a ervilha, misture bem e deixe cozinhar por mais alguns minutos. Adicione o amido de milho e mexa bem até que a mistura engrosse. Desligue o fogo e deixe esfriar. Em outra panela, misture a água, o sal e o azeite e leve ao fogo até ferver. Adicione a farinha de trigo de uma só vez e mexa bem até formar uma massa homogênea e que solte da panela. Coloque a massa em uma superfície lisa e deixe esfriar por alguns minutos. Com as mãos, modele pequenas porções da massa em formato de coxinha e recheie com a mistura de vegetais. Empane as coxinhas na farinha de rosca. Com a ajuda de um adulto, em uma panela com óleo quente, frite as coxinhas até que fiquem douradas e crocantes. Escorra em papel toalha e sirva em seguida.

Crepioca com Tomate e Rúcula

Ingredientes:
- 2 ovos
- 2 colheres de sopa de massa de tapioca
- 1 tomate cortado em rodelas
- 1 punhado de folhas de rúcula
- Queijo de sua preferência
- Sal a gosto
- Azeite (para untar a frigideira)

A rúcula previne doenças pulmonares.

Modo de preparo:
Em uma tigela, quebre os ovos e bata-os até ficarem homogêneos. Adicione a massa de tapioca aos ovos batidos e misture bem. Tempere a massa com sal a gosto e mexa novamente. Aqueça uma frigideira antiaderente em fogo médio e adicione um fio de azeite para untar. Despeje metade da massa na frigideira, espalhando-a de maneira uniforme para formar uma panqueca. Deixe cozinhar por cerca de 2-3 minutos ou até que a parte de baixo esteja firme e dourada. Vire a crepioca com a ajuda de uma espátula e cozinhe por mais 1-2 minutos do outro lado. Retire a crepioca da frigideira, recheie com as folhas de rúcula, as rodelas de tomate e o queijo. Dobre-a ao meio para formar uma meia-lua e sirva.

Cupcake de Abobrinha

Ingredientes:
- 1 xícara de abobrinha ralada
- 1 xícara de farinha de trigo
- ½ xícara de açúcar mascavo
- ¼ xícara de óleo vegetal ou azeite
- 2 ovos
- 1 colher de chá de fermento em pó
- ½ colher de chá de bicarbonato de sódio
- ½ colher de chá de sal
- 1 colher de chá de canela em pó
- ¼ colher de chá de noz-moscada

A canela acelera o metabolismo corporal.

Modo de preparo:
Pré-aqueça o forno a 180°C e distribua forminhas de papel para cupcake em uma assadeira. Em uma tigela grande, misture a abobrinha ralada, a farinha de trigo, o açúcar mascavo, o óleo vegetal ou azeite e os ovos até obter uma mistura homogênea. Adicione o fermento em pó, o bicarbonato de sódio, o sal, a canela e a noz-moscada à mistura e mexa bem. Despeje a massa nas forminhas até cerca de 3/4 da capacidade. Asse por cerca de 20-25 minutos, ou até que um palito inserido no centro dos cupcakes saia limpo. Deixe esfriar por alguns minutos antes de servir. Você também pode adicionar outros ingredientes, como nozes, passas ou gotas de chocolate para dar mais sabor aos cupcakes.

Cuscuz com Queijo

Ingredientes:
- 2 xícaras de farinha de milho para cuscuz
- 1 xícara de água
- 1 colher de sopa de manteiga
- 200 g de queijo de sua preferência (muçarela, queijo coalho, queijo minas, etc.)
- Sal a gosto
- Azeite (para untar)

Modo de preparo:
Em uma tigela grande, coloque a farinha de milho e adicione a água. Mexa bem até que a farinha esteja úmida e comece a formar uma massa. Em uma panela, derreta a manteiga em fogo médio. Adicione a massa de farinha de milho e continue mexendo por alguns minutos até que ela comece a soltar do fundo da panela. Tempere com sal a gosto, mexendo para distribuir o tempero uniformemente. Retire a panela do fogo e deixe a massa esfriar um pouco para que possa ser manuseada. Enquanto a massa esfria, rale o queijo ou corte-o em cubos pequenos. Unte uma forma de pudim ou forma retangular com azeite para evitar que o cuscuz grude. Distribua uma camada de massa de cuscuz no fundo da forma. Adicione uma camada de queijo ralado ou em cubos e cubra com o restante da massa. Pressione levemente com uma colher para compactar o cuscuz. Cubra a forma com papel alumínio e leve à geladeira por pelo menos 2 horas ou até que o cuscuz esteja firme. Retire o papel alumínio e desenforme o cuscuz sobre um prato.

É muito gostoso!

Hambúrguer de Feijão

Ingredientes:
- 2 xícaras de feijão cozido (de qualquer tipo)
- ½ cebola picada
- 2 dentes de alho picados
- ½ xícara de farinha de rosca
- 1 colher de chá de cominho em pó
- 1 colher de chá de páprica em pó
- 2 colheres de sopa de azeite

Modo de preparo:
Pré-aqueça o forno a 200°C. Em uma tigela grande, amasse o feijão com um garfo ou espremedor de batatas até formar uma pasta grossa. Adicione a cebola, o alho, a farinha de rosca, o cominho, a páprica e o sal à pasta de feijão e misture bem. Modele a mistura em forma de hambúrgueres, utilizando cerca de ¼ de xícara da mistura para cada um. Aqueça o azeite em uma frigideira em fogo médio. Adicione os hambúrgueres de feijão e cozinhe por cerca de 3 minutos de cada lado, ou até ficarem dourados. Transfira os hambúrgueres para uma assadeira e asse no forno por cerca de 10 minutos, virando-os na metade do tempo, até que estejam crocantes e cozidos por dentro. Sirva os hambúrgueres de feijão com pão, alface, rúcula, tomate, queijo e outros acompanhamentos de sua preferência.

Hambúrguer de Grão-de-Bico

Ingredientes:
- 2 xícaras de grão-de-bico cozido
- 1 cebola média picada
- 3 dentes de alho picados
- ¼ de xícara de salsinha picada
- 1 colher de chá de cominho em pó
- 1 colher de chá de páprica
- 1 colher de chá de sal
- ½ xícara de farinha de rosca (ou farinha de trigo, se preferir)
- Azeite para grelhar

Modo de preparo:
Em um processador de alimentos, coloque o grão-de-bico cozido, a cebola, o alho, a salsinha, o cominho em pó, a páprica e o sal. Pulse até obter uma mistura grossa, mas ainda com alguns pedaços de grão-de-bico. Transfira a mistura para uma tigela e adicione a farinha de rosca. Misture bem até que a massa fique homogênea e seja possível moldar os hambúrgueres. Se necessário, adicione mais farinha de rosca para obter a consistência adequada. Divida a massa em porções e molde hambúrgueres do tamanho desejado. Aqueça um pouco de azeite em uma frigideira cm fogo médio-alto. Grelhe os hambúrgueres por cerca de 4-5 minutos de cada lado, ou até ficarem dourados e crocantes. Retire os hambúrgueres da frigideira e coloque-os em um prato forrado com papel toalha para remover o excesso de óleo. Sirva os hambúrgueres de grão-de-bico em pães de hambúrguer, acompanhados de ingredientes como alface, tomate, cebola e molho de sua preferência.

O grão-de-bico é rico em fibras e proteínas, por isso faz bem à digestão.

Mini-hambúrguer Caseiro

Ingredientes:
- 500 g de carne moída (pode ser de boi, frango ou porco)
- 1 cebola pequena picada
- 1 dente de alho picado
- 1 ovo
- 2 colheres de sopa de farinha de trigo
- Sal a gosto
- Minipães de hambúrguer
- Queijo de sua preferência fatiado
- Folhas de alface, tomate e outros ingredientes para o recheio (opcional)

Modo de preparo:
Em uma tigela grande, misture a carne moída, a cebola picada, o alho picado, o ovo e a farinha de trigo até que fique homogêneo. Tempere com sal a gosto. Com as mãos, modele a mistura de carne em pequenos hambúrgueres, com cerca de 5-6 cm de diâmetro. Aqueça uma frigideira antiaderente em fogo médio-alto. Adicione os hambúrgueres e cozinhe por cerca de 2-3 minutos de cada lado, ou até que estejam dourados e cozidos por dentro. Se desejar, adicione uma fatia de queijo sobre cada hambúrguer durante os últimos 30 segundos de cozimento. Abra os minipães e recheie-os com os hambúrgueres, folhas de alface, tomate e outros ingredientes de sua preferência. Sirva quente e aproveite! Essa receita rende cerca de 12 mini-hambúrgueres.

A carne de porco é fonte de vitamina B1, que auxilia no funcionamento do sistema nervoso.

Misto-quente Incrementado

Ingredientes:
- 2 fatias de pão de forma
- 2 fatias de queijo prato (ou queijo de sua preferência)
- 2 fatias de presunto
- 1 colher de sopa de maionese
- 1 colher de sopa de cream cheese
- Orégano para salpicar
- Manteiga para grelhar

Modo de preparo:
Coloque água em uma panela e, em uma tigela, misture a maionese e o cream cheese. Espalhe a mistura de maionese em uma das fatias de pão. Adicione as fatias de queijo e presunto sobre a mistura de maionese e feche com outra fatia de pão. Espalhe uma camada fina de manteiga nas duas faces do sanduíche. Aqueça uma frigideira em fogo médio e grelhe o sanduíche por cerca de 2-3 minutos de cada lado, até que o queijo derreta e o pão fique dourado e crocante. Salpique orégano por cima. Você também pode adicionar outros ingredientes como tomate, alface, bacon ou o que preferir.

O queijo é rico em cálcio, que fortalece os ossos e os dentes.

Muffin de Espinafre

Ingredientes:
- 1 xícara de farinha de trigo
- ½ xícara de farinha de milho
- 2 colheres de chá de fermento em pó
- ½ colher de chá de sal
- 1 xícara de espinafre picado
- ½ xícara de queijo parmesão ralado
- 1 ovo
- ¼ xícara de azeite
- ½ xícara de leite

Modo de preparo:
Pré-aqueça o forno a 180°C. Unte uma forma para muffins com óleo ou manteiga ou use forminhas de papel ou silicone. Em uma tigela grande, misture a farinha de trigo, a farinha de milho, o fermento em pó e o sal. Adicione o espinafre picado e o queijo parmesão à mistura seca e mexa bem. Em outra tigela, bata o ovo, adicione o azeite e o leite. Mexa bem. Adicione a mistura de líquidos à mistura seca e mexa até que os ingredientes estejam bem combinados. Despeje a massa na forma de muffins, enchendo cada uma até cerca de 3/4 da capacidade. Asse os muffins no forno pré-aquecido por cerca de 20 minutos, ou até que estejam dourados e cozidos por dentro. Retire os muffins do forno e deixe esfriar por alguns minutos antes de servir. Essa receita rende cerca de 12 muffins.

O espinafre previne a anemia e a prisão de ventre.

Muffin de Milho

Ingredientes:
- 1 xícara de farinha de trigo
- 1 xícara de fubá
- ½ xícara de açúcar
- 1 colher de sopa de fermento em pó
- ½ colher de chá de sal
- 1 ovo grande
- 1 xícara de leite
- ¼ xícara de azeite
- 1 xícara de milho em lata escorrido

Modo de preparo:
Pré-aqueça o forno a 200°C. Coloque forminhas de papel ou silicone em uma forma para muffins ou assadeira grande. Em uma tigela, misture a farinha de trigo, o fubá, o açúcar, o fermento em pó e o sal. Em outra tigela, bata o ovo até ficar fofo. Adicione o leite e o azeite e misture bem. Despeje os ingredientes líquidos aos secos e misture até incorporar bem. Adicione o milho e misture novamente. Coloque a massa nas forminhas de muffins, enchendo cada uma até 3/4 de sua capacidade. Asse no forno por cerca de 20-25 minutos, ou até que os muffins estejam dourados e firmes ao toque. Retire do forno e deixe esfriar por alguns minutos antes de servir.

O milho é rico em vitaminas e minerais, por isso, fortalece a imunidade!

Muffin de Pizza

Ingredientes:
- 1 ½ xícara de farinha de trigo
- 2 colheres de chá de fermento em pó
- ½ colher de chá de sal
- ½ colher de chá de açúcar
- 1 xícara de leite
- 1 ovo
- ¼ de xícara de azeite
- 1 xícara de queijo muçarela ralado
- ½ xícara de pepperoni em pedaços
- ½ xícara de molho de tomate

Modo de preparo:
Pré-aqueça o forno a 200°C e unte uma forma para muffins com óleo ou manteiga ou use forminhas de papel ou silicone. Em uma tigela grande, misture a farinha de trigo, o fermento em pó, o sal e o açúcar. Em outra tigela, bata o ovo e adicione o leite e o azeite. Misture bem. Despeje a mistura líquida na tigela com os ingredientes secos e mexa até obter uma massa homogênea. Adicione o queijo muçarela e o pepperoni à massa e misture suavemente. Coloque cerca de uma colher de sopa de massa em cada forminha, preenchendo aproximadamente 3/4 da capacidade. Faça um pequeno buraco no centro de cada muffin e coloque uma colher de chá de molho de tomate. Cubra o molho com mais um pouco de massa para selar o recheio e polvilhe um pouco de queijo. Leve ao forno pré-aquecido por cerca de 15-20 minutos ou até que os muffins estejam dourados e firmes ao toque.

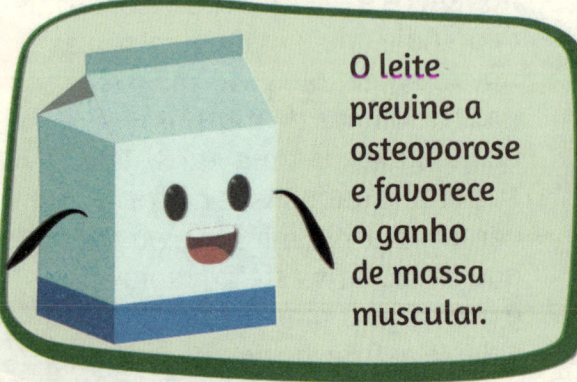

O leite previne a osteoporose e favorece o ganho de massa muscular.

> A chia é rica em gorduras saudáveis e ajuda a manter a saciedade.

Pão de Abóbora com Chia

Ingredientes:
- 2 xícaras de abóbora cozida e amassada
- ½ xícara de açúcar mascavo
- ½ xícara de óleo de coco
- 2 ovos
- 2 xícaras de farinha de trigo
- 1 colher de sopa de fermento em pó
- 1 colher de chá de canela em pó
- ½ colher de chá de noz-moscada em pó
- ¼ colher de chá de sal
- ¼ xícara de sementes de chia
- Manteiga para untar

Modo de preparo:
Pré-aqueça o forno a 180°C e unte uma forma de pão com manteiga. Em uma tigela grande, misture a abóbora, o açúcar mascavo, o óleo de coco e os ovos até ficar homogêneo. Em outra tigela, misture a farinha de trigo, o fermento em pó, a canela, a noz-moscada e o sal. Adicione os ingredientes secos à mistura de abóbora, mexendo até que a massa fique uniforme. Adicione as sementes de chia e misture bem. Despeje a massa na forma de pão e alise a superfície. Asse por cerca de 40 minutos, ou até que um palito inserido no centro da massa saia limpo. Retire do forno e deixe esfriar antes de cortar em fatias.

Pão de Beterraba

Ingredientes:
- 2 xícaras de farinha de trigo
- ½ xícara de purê de beterraba
- ¼ xícara de açúcar
- ¼ xícara de azeite
- 2 colheres de chá de fermento biológico seco
- ½ colher de chá de sal
- 1 ovo

Modo de preparo:
Comece fazendo o purê de beterraba. Para isso, cozinhe 1 beterraba média na panela de pressão por cerca de 15 minutos após pegar pressão. Em seguida, descasque a beterraba e amasse com um garfo ou processe no liquidificador até formar um purê. Em uma tigela grande, misture a farinha de trigo, o açúcar, o sal e o fermento. Adicione o purê de beterraba, o azeite e o ovo à mistura de farinha. Misture bem até formar uma massa homogênea. Coloque a massa em uma superfície enfarinhada e amasse por cerca de 5 minutos. Coloque a massa em uma tigela levemente untada e cubra com um pano de prato limpo. Deixe descansar por cerca de 1 hora, ou até que a massa dobre de tamanho. Pré-aqueça o forno a 180°C. Transfira a massa para uma forma de pão untada. Coloque a forma no forno e asse por cerca de 30 minutos, ou até que o pão esteja dourado e cozido por dentro. Retire o pão do forno e deixe esfriar antes de fatiar e servir.

A beterraba é uma boa fonte de vitamina A, importante para a saúde da pele, dos olhos e do sistema imunológico.

Pão de Mandioquinha

Ingredientes:
- 2 xícaras de mandioquinha cozida e amassada
- 1 xícara de água morna
- 2 colheres de sopa de açúcar
- 1 envelope de fermento biológico seco
- ¼ xícara de óleo
- 1 ovo
- 1 colher de chá de sal
- 4 xícaras de farinha de trigo

A mandioquinha promove sensação de saciedade e combante o inchaço, pois melhora o funcionamento intestinal.

Modo de preparo:
Em uma tigela grande, misture a mandioquinha amassada, a água morna, o açúcar e o fermento. Deixe descansar por cerca de 5 minutos, ou até que a mistura comece a borbulhar. Adicione o óleo, o ovo e o sal à mistura e mexa bem. Adicione a farinha de trigo, uma xícara de cada vez, mexendo bem após cada adição, até que a massa comece a se formar. Transfira a massa para uma superfície enfarinhada e amasse por cerca de 5 minutos, adicionando farinha extra conforme necessário, até que a massa fique lisa e elástica.

Coloque a massa em uma tigela, cubra com um pano de prato úmido e deixe descansar em um local quente por cerca de 1 hora, ou até que a massa dobre de tamanho. Pré-aqueça o forno a 180°C. Transfira a massa para uma forma de pão untada e asse por cerca de 35-40 minutos, ou até que o pão esteja dourado e cozido por completo. Retire do forno e deixe esfriar por cerca de 5 minutos antes de desenformar e servir.

Pão de Queijo com Tapioca

Ingredientes:
- 1 xícara de tapioca granulada
- 1 xícara de leite
- ¼ de xícara de azeite
- 2 ovos
- 1 xícara de queijo parmesão ralado
- Sal a gosto
- Manteiga para untar

A tapioca melhora a circulação e a digestão.

Modo de preparo:
Pré-aqueça o forno a 180°C e unte uma assadeira com manteiga. Em uma panela, aqueça o leite e o óleo em fogo médio até começar a ferver. Em uma tigela grande, coloque a tapioca granulada e despeje a mistura de leite e óleo quente sobre ela. Mexa bem até a tapioca absorver todo o líquido. Deixe a mistura descansar por cerca de 5 minutos para esfriar um pouco, em seguida, adicione os ovos, um de cada vez, misturando bem a cada adição. Acrescente o queijo ralado e o sal, e continue mexendo até obter uma massa homogênea. Com as mãos untadas, pegue pequenas porções de massa e faça bolinhas do tamanho de pãezinhos de queijo. Disponha as bolinhas na forma ou assadeira, deixando espaço entre elas para que possam crescer. Leve ao forno pré-aquecido e asse por cerca de 25-30 minutos, ou até que os pãezinhos de queijo estejam dourados por fora. Retire do forno e sirva.

Pão de Queijo de Liquidificador

Ingredientes:
- 1 xícara de polvilho doce
- ½ xícara de leite
- ½ xícara de óleo
- 2 ovos
- 1 xícara de queijo parmesão ralado
- Sal a gosto

Modo de preparo:
Pré-aqueça o forno a 180°C. Coloque todos os ingredientes no liquidificador e bata até obter uma massa homogênea. Unte uma forma de muffins ou forminhas de empada com óleo. Despeje a massa nas formas, deixando espaço para que elas cresçam. Leve ao forno por cerca de 20 minutos ou até que fiquem dourados. Retire do forno, deixe esfriar um pouco e sirva. Essa receita rende aproximadamente 12 pães de queijo pequenos.

O polvilho doce é rico em carboidratos, a principal fonte de energia para o corpo realizar todas as suas funções.

Essa receita rende aproximadamente 15 pasteis, dependendo do tamanho que você escolher. Você pode variar o recheio de acordo com sua preferência, adicionando outros ingredientes como frango desfiado, carne moída, palmito, etc.

Pastel de Forno

Ingredientes:
- 1 pacote de massa para pastel (massa pronta)
- 200 g de queijo muçarela (ou o queijo de sua preferência) cortado em cubos
- 200 g de presunto cortado em cubos
- 1 tomate grande picado
- 1 cebola média picada
- Orégano a gosto
- Sal a gosto
- Azeite (para pincelar)

Modo de preparo:
Pré-aqueça o forno a 200°C. Em uma tigela, misture o queijo, o presunto, o tomate e a cebola. Tempere com sal e orégano a gosto. Abra a massa de pastel em uma superfície limpa e corte em quadrados ou círculos, do tamanho desejado para o pastel. Coloque uma porção do recheio em cada pedaço de massa, no centro. Dobre a massa ao meio, formando um triângulo (ou meia-lua, se estiver usando massa redonda). Use um garfo para pressionar as bordas e selar o pastel. Coloque os pastéis em uma assadeira untada com um pouco de azeite, deixando um espaço entre eles. Pincele os pastéis com azeite. Leve a assadeira ao forno pré-aquecido e asse por aproximadamente 20-25 minutos, ou até que fiquem dourados e crocantes. Retire do forno e sirva.

O tomate é fonte de vitamina C, potássio e ajuda a prevenir doenças cardiovasculares.

Patê de Castanha de Caju

Ingredientes:
- 1 xícara de castanha de caju crua
- 1 dente de alho
- ¼ xícara de azeite
- ¼ xícara de água
- Suco de meio limão
- Sal a gosto
- 1 colher de sopa de ervas frescas picadas (opcional)

Modo de preparo:
Coloque as castanhas de caju em uma tigela e cubra com água. Deixe de molho por pelo menos 4 horas ou durante à noite. Escorra as castanhas de caju e coloque-as no processador de alimentos juntamente com o alho descascado e picado. Adicione o azeite, a água e o suco de limão e processe até obter uma mistura homogênea e cremosa. Se necessário, adicione um pouco mais de água para atingir a consistência desejada. Adicione sal a gosto e, se estiver usando, as ervas frescas picadas. Transfira o patê para uma tigela e sirva com pão, torradas ou legumes crus.

A castanha de caju previne o envelhecimento precoce e é boa para a memória.

Patê de Lentilha com Manjericão

Ingredientes:
- 1 xícara de lentilhas cozidas
- 1 dente de alho
- ½ xícara de folhas de manjericão fresco
- ¼ xícara de azeite
- 1 colher de sopa de suco de limão
- Sal a gosto

Modo de preparo:
Lave e cozinhe as lentilhas de acordo com as instruções da embalagem até ficarem macias. Coloque as lentilhas cozidas, o alho descascado, as folhas de manjericão fresco, o azeite e o suco de limão no processador de alimentos e bata até obter uma consistência macia. Tempere com sal a gosto. Se a mistura estiver muito espessa, adicione um pouco de água ou azeite para obter a consistência desejada. Sirva o patê de lentilha com manjericão com pão, torradas, biscoitos ou legumes frescos, como cenoura, pepino e aipo. Você pode armazená-lo na geladeira por até três dias.

A lentilha é uma importante fonte de proteínas e reduz o colesterol.

Pizza com Massa de Brócolis

Ingredientes:
- 3 xícaras de brócolis cortados em pedaços pequenos
- 2 ovos batidos
- ½ xícara de queijo parmesão ralado
- 1 colher de chá de alho em pó
- ¼ xícara de molho de tomate
- 1 xícara de queijo muçarela ralado
- Ingredientes de sua escolha (por exemplo, cogumelos, tomate, cebola, pimentão, etc.)

Modo de preparo:
Pré-aqueça o forno a 200°C. Coloque os brócolis em um processador de alimentos e pulse até que fiquem com uma textura semelhante ao arroz. Despeje os brócolis processados em uma tigela grande e misture com os ovos batidos, queijo parmesão, alho em pó e o sal. Forre uma assadeira com papel manteiga e espalhe a mistura de brócolis na forma, pressionando para formar uma camada uniforme. Asse no forno por cerca de 20 minutos, até que a massa fique firme e levemente dourada. Retire do forno e adicione o molho de tomate, o queijo e os ingredientes de sua escolha. Asse por mais 10-15 minutos, até que o queijo esteja levemente dourado.

O brócolis é uma ótima fonte das vitaminas A, C, E e K. Além disso, ajuda na melhora do raciocínio e da concentração.

Pizza com Massa de Couve-flor

Ingredientes:
- 1 cabeça grande de couve-flor
- 2 ovos
- ½ xícara de queijo parmesão ralado
- ½ colher de chá de orégano
- ½ colher de chá de alho em pó
- Sal a gosto

Modo de preparo:
Pré-aqueça o forno a 200°C. Corte a couve-flor em pedaços pequenos e coloque-os em um processador de alimentos. Pulse até que a couve-flor fique com uma textura de arroz. Coloque-a em uma panela e cozinhe em fogo médio por cerca de 5 minutos, mexendo constantemente, até que esteja macia. Deixe esfriar. Em uma tigela grande, misture a couve-flor com os ovos, o queijo parmesão, o orégano, o alho em pó e o sal. Forre uma assadeira com papel manteiga e espalhe a mistura sobre ela, pressionando para formar uma pizza. Asse por cerca de 20 minutos ou até que a massa fique dourada e crocante. Retire do forno, adicione seus ingredientes favoritos e volte ao forno por mais alguns minutos, até que o queijo esteja derretido e borbulhando.

A couve-flor ajuda na redução de inflamações e melhora a imunidade.

Pizza de Frigideira

Ingredientes:
- 1 xícara de farinha de trigo
- 1 colher de chá de fermento em pó
- ½ colher de chá de sal
- 2/3 de xícara de leite
- 1 ovo
- 2 colheres de sopa de azeite
- Molho de tomate
- Queijo muçarela ralado
- Ingredientes de sua preferência (presunto, champignon, cebola, tomate, azeitonas, etc.)

Modo de preparo:
Em uma tigela grande, misture a farinha, o fermento e o sal. Adicione o leite, o ovo e o azeite e misture bem até obter uma massa homogênea. Aqueça uma frigideira antiaderente em fogo médio-alto. Despeje cerca de ¼ da massa na frigideira e espalhe com uma colher para formar um círculo. Cozinhe por 2-3 minutos ou até que a parte de baixo esteja dourada. Vire a massa com uma espátula e cozinhe por mais 1-2 minutos. Adicione o molho de tomate, o queijo muçarela e os ingredientes de sua preferência. Tampe a frigideira e cozinhe por mais 1-2 minutos ou até que o queijo esteja derretido. Repita o processo com o restante da massa e dos ingredientes.

A gema do ovo contém gorduras do bem, que ajudam a controlar o nível de açúcar no sangue.

Pizza de Liquidificador

Ingredientes:
- 3 ovos
- 1 xícara de leite
- ½ xícara de óleo
- 2 xícaras de farinha de trigo
- 1 colher de sopa de fermento em pó
- ½ colher de chá de sal

Para a cobertura:
- Molho de tomate
- Queijo muçarela ralado
- Ingredientes opcionais: presunto, tomate, cebola, azeitonas, etc.

Modo de preparo:
Pré-aqueça o forno a 180°C. No liquidificador, adicione os ovos, o leite, o óleo, a farinha de trigo e o sal. Bata até obter uma massa homogênea. Adicione o fermento em pó e bata rapidamente apenas para misturar. Despeje a massa em uma forma redonda para pizza previamente untada com um pouco de óleo. Leve ao forno pré-aquecido por cerca de 10 minutos ou até que a massa esteja levemente dourada. Retire a forma do forno e espalhe o molho de tomate sobre a massa. Adicione o queijo muçarela ralado e os ingredientes opcionais de sua escolha. Retorne a pizza ao forno e asse por mais 15-20 minutos, ou até que o queijo esteja derretido e borbulhante. Retire a pizza do forno, corte em fatias e sirva quente.

O trigo é um alimento rico em vitaminas e minerais essenciais, além de fornecer energia e melhorar nosso humor.

Sanduíche de Atum

Ingredientes:
- Pão de forma
- Atum enlatado (de preferência ao natural)
- Maionese
- 1 cebola picada
- Folhas de alface
- 1 tomate em fatias
- Sal a gosto

O atum previne doenças do coração e melhora o sistema imunológico.

Modo de preparo:
Abra uma lata de atum e escorra o líquido. Em uma tigela, misture o atum com uma colher de sopa de maionese e a cebola picada. Tempere com sal a gosto. Pegue duas fatias de pão de forma e espalhe um pouco de maionese em cada uma delas. Coloque uma camada de alface sobre uma das fatias de pão, em seguida, coloque a mistura de atum sobre a alface. Adicione algumas fatias de tomate. Coloque a outra fatia de pão por cima dos ingredientes e pressione suavemente. Corte o sanduíche ao meio e sirva. Você também pode adicionar outros ingredientes ao seu sanduíche de atum, como queijo, pepino, picles ou mostarda, de acordo com sua preferência.

Sanduíche de Frango Grelhado

Ingredientes:
- Pão de sua preferência
- Peito de frango em tiras
- Sal a gosto
- Azeite
- Folhas de alface
- 1 tomate em rodelas
- Maionese

O azeite possui propriedades anti-inflamatórias e faz bem para os ossos.

Modo de preparo:
Tempere o peito de frango com sal a gosto. Aqueça uma frigideira ou chapa com um pouco de azeite em fogo médio-alto. Coloque as tiras de peito de frango na frigideira e deixe grelhar por cerca de 5-7 minutos, ou até que esteja cozido. Enquanto o frango grelha, corte o pão ao meio e toste levemente em uma torradeira ou grelhador. Lave a alface e o tomate e corte-o em rodelas finas. Monte o sanduíche colocando o frango fatiado em uma das metades do pão, seguido da alface, tomate e uma camada de maionese. Cubra com a outra metade do pão e sirva imediatamente.

Torta Integral de Legumes

Ingredientes:
- 2 xícaras de farinha de trigo integral
- 1 colher de sopa de fermento em pó
- ½ colher de chá de sal
- ¼ xícara de azeite
- ½ xícara de água
- 1 cebola picada
- 2 dentes de alho picados
- 1 abobrinha picada
- 1 xícara de espinafre picado
- 1 tomate picado
- 1 colher de chá de orégano seco
- 1 colher de chá de tomilho seco
- Sal a gosto

O orégano ajuda a digestão e é rico em vitaminas A e C.

Modo de preparo:
Pré-aqueça o forno a 200°C e unte uma forma de torta com um pouco de azeite. Em uma tigela grande, misture a farinha integral, o fermento em pó e o sal. Adicione o azeite e a água na mistura de farinha e mexa bem até formar uma massa homogênea. Abra a massa com um rolo e forre o fundo e as laterais da forma de torta. Reserve. Em uma panela grande, aqueça um pouco de azeite e refogue a cebola e o alho até ficarem macios. Adicione a abobrinha e refogue por mais alguns minutos. Adicione o espinafre picado, o orégano, o tomilho e o sal na panela e misture bem. Despeje os legumes refogados sobre a massa na forma de torta. Leve a torta ao forno e asse por cerca de 25-30 minutos, ou até que a massa esteja crocante e os legumes estejam macios. Retire do forno e deixe esfriar por alguns minutos antes de servir.

Pratos Principais

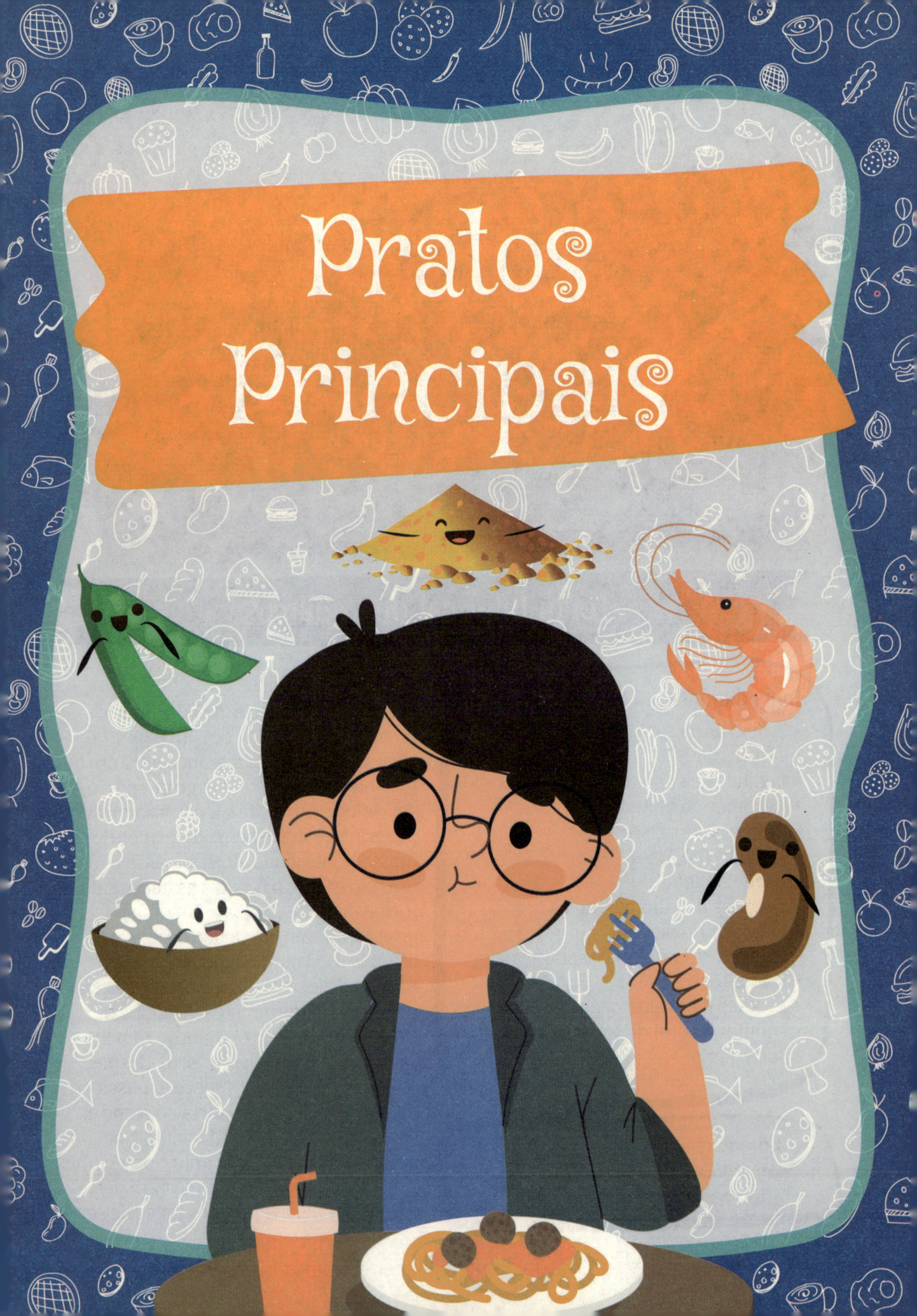

Abobrinha Recheada

Ingredientes:
- 2 abobrinhas grandes
- 1 xícara de carne moída (pode ser carne bovina, suína ou de frango)
- ½ cebola picada
- 2 dentes de alho picados
- ½ pimentão vermelho picado
- 1 tomate picado
- ½ xícara de queijo ralado
- Azeite
- Sal a gosto

O alho ajuda a combater fungos e bactérias no organismo.

Modo de preparo:
Pré-aqueça o forno a 200°C. Lave bem as abobrinhas e corte-as ao meio no sentido do comprimento. Com uma colher, retire o miolo da abobrinha, deixando uma borda de aproximadamente 1 cm. Reserve a polpa retirada. Em uma panela, aqueça um pouco de azeite em fogo médio. Adicione a cebola, o alho e o pimentão picados, e refogue até ficarem macios. Adicione a carne moída à panela e cozinhe até dourar completamente. Tempere com sal a gosto. Pique a polpa da abobrinha que foi retirada e adicione à panela com a carne moída. Acrescente também o tomate picado. Cozinhe por alguns minutos para amolecer a polpa. Coloque as metades das abobrinhas em uma assadeira e recheie cada uma com a mistura de carne moída e legumes. Polvilhe queijo ralado por cima do recheio. Leve ao forno pré-aquecido e asse por cerca de 20-25 minutos, ou até que as abobrinhas estejam macias e o queijo esteja derretido e levemente dourado. Retire do forno e deixe esfriar um pouco antes de servir.

Almôndegas com Queijo

Ingredientes:
- 500 g de carne moída (bovina ou suína)
- 1 cebola picada
- 2 dentes de alho picados
- 1 ovo
- ½ xícara de farinha de rosca
- 1 colher de sopa de mostarda
- 100 g de queijo muçarela em cubinhos
- Sal a gosto

Para o molho:
- 1 lata de tomate pelado
- 1 cebola picada
- 2 dentes de alho picados
- 1 colher de sopa de açúcar
- Azeite
- Sal a gosto

Modo de preparo:
Em uma tigela grande, misture a carne moída, a cebola picada, o alho picado, o ovo, a farinha de rosca, a mostarda e o sal. Misture tudo até obter uma massa homogênea. Pegue pequenas porções da massa e faça bolinhas. Em cada bolinha, coloque um cubinho de queijo muçarela no centro e feche a massa, modelando a almôndega. Em uma frigideira, aqueça o azeite em fogo médio e doure as almôndegas de todos os lados. Reserve. Em uma panela, refogue a cebola e o alho. Adicione o tomate pelado, o açúcar e o sal. Deixe cozinhar por cerca de 10 minutos. Adicione as almôndegas ao molho e deixe cozinhar por mais 10 minutos. Sirva com arroz branco ou macarrão.

A carne é rica em proteínas, auxiliando na melhora da massa muscular e na prevenção da anemia.

Batata Recheada

Ingredientes:
- 4 batatas grandes
- 1 colher de sopa de azeite
- Sal a gosto
- 1 xícara de queijo cheddar ralado
- ½ xícara de bacon picado (opcional)
- ½ xícara de cebolinha picada
- ½ xícara de creme de leite
- ½ xícara de manteiga
- ½ xícara de sour cream (creme azedo)

A batata favorece o bom sono e inibe o aparecimento de câimbras.

Modo de preparo:

Pré-aqueça o forno a 200°C. Lave bem as batatas e seque-as com papel toalha. Faça furos nas batatas com um garfo para permitir a saída do vapor durante o cozimento. Em uma tigela pequena, misture o azeite e o sal. Esfregue essa mistura sobre as batatas, cobrindo-as completamente. Coloque as batatas em uma assadeira e leve-as ao forno pré-aquecido. Asse por aproximadamente 1 hora, ou até que as batatas estejam macias por dentro e com a casca crocante. Enquanto as batatas estão assando, prepare o recheio. Em uma frigideira, frite o bacon em fogo médio até ficar crocante. Retire o excesso de gordura com papel absorvente. Em uma tigela, misture o queijo cheddar, o bacon picado, a cebolinha, o creme de leite e a manteiga. Tempere com sal a gosto. Retire as batatas do forno e espere esfriarem um pouco. Corte uma fatia fina na parte superior de cada batata e, com o auxílio de uma colher, cave um buraco no centro, retirando parte da polpa. Preencha as batatas com o recheio preparado, pressionando bem para que fiquem bem cheias. Volte as batatas recheadas ao forno por mais 10-15 minutos, ou até que o queijo derreta e fique levemente dourado. Retire do forno e sirva.

Ninguém resiste!

Escondidinho de Carne Seca

Ingredientes:
- 500 g de carne seca desfiada
- 1 kg de mandioca cozida e amassada
- 1 cebola grande picada
- 3 dentes de alho picados
- 2 colheres de sopa de manteiga
- 1 xícara de leite
- 1 xícara de requeijão cremoso
- 200 g de queijo muçarela ralado
- Sal a gosto

Modo de preparo:
Pré-aqueça o forno a 180°C. Em uma panela grande, coloque a carne seca e cubra com água. Leve ao fogo médio e deixe ferver por aproximadamente 20 minutos para retirar o excesso de sal. Escorra e reserve. Em outra panela, aqueça a manteiga em fogo médio. Adicione a cebola e o alho picados e refogue até ficarem dourados. Adicione a carne seca desfiada à panela com a cebola e o alho refogados. Tempere com sal a gosto. Mexa bem para incorporar os temperos e deixe cozinhar por alguns minutos. Reserve. Em uma tigela, coloque a mandioca cozida e amassada. Adicione o leite aos poucos, mexendo bem, até obter uma consistência cremosa. Tempere com sal a gosto. Em um refratário médio, espalhe metade do purê de mandioca no fundo, distribua a carne seca refogada por cima do purê e cubra-a com o requeijão cremoso. Em seguida, coloque o restante do purê de mandioca. Polvilhe o queijo muçarela ralado por cima do purê. Leve ao forno pré-aquecido por aproximadamente 30 minutos, ou até que o queijo esteja derretido e levemente dourado. Retire do forno e deixe descansar por alguns minutos antes de servir.

Estrogonofe de Carne

Ingredientes:
- 500 g de carne (filé mignon, alcatra ou outra carne macia) cortada em tiras finas
- 1 cebola média picada em cubos pequenos
- 2 dentes de alho picados
- 200 g de champignons (opcional)
- 2 colheres de sopa de manteiga
- 1 colher de sopa de azeite
- 1 colher de sopa de farinha de trigo
- 1 xícara de caldo de carne
- 1 xícara de creme de leite
- 2 colheres de sopa de ketchup
- 1 colher de sopa de mostarda
- Sal a gosto
- Salsinha picada para decorar

Cogumelos ajudam a controlar o colesterol e os hormônios da tireoide.

Modo de preparo:
Em uma panela grande, aqueça o azeite e metade da manteiga em fogo médio-alto. Adicione a carne e tempere com sal. Refogue-a até ficar dourada. Retire a carne da panela e reserve. Na mesma panela, adicione o restante da manteiga e a cebola picada. Refogue até a cebola ficar macia e translúcida. Adicione o alho e os champignons fatiados e refogue por mais alguns minutos. Polvilhe a farinha de trigo sobre os ingredientes na panela e misture bem, cozinhando por cerca de 1 minuto. Adicione o caldo de carne à panela, aos poucos, mexendo constantemente para evitar a formação de grumos. Deixe a mistura ferver e cozinhe por alguns minutos até engrossar ligeiramente. Acrescente o creme de leite, o ketchup e a mostarda. Misture bem e deixe o molho aquecer por alguns minutos. Adicione a carne reservada de volta à panela e cozinhe por mais alguns minutos. Prove o estrogonofe e ajuste o tempero conforme necessário, adicionando mais sal, ketchup ou mostarda, se desejar. Retire do fogo e sirva o estrogonofe acompanhado de arroz branco e batata palha.

Filé de Peixe com Batatas

Ingredientes:
- 4 filés de peixe (pode ser pescada, tilápia, linguado, salmão, etc.)
- 4 batatas médias
- Suco de 1 limão
- 2 dentes de alho picados
- Azeite
- Sal a gosto

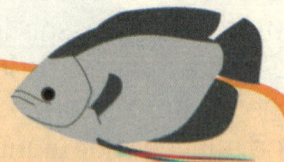

Modo de preparo:
Pré-aqueça o forno a 200°C. Descasque as batatas e corte-as em rodelas médias. Coloque as rodelas de batata em uma panela com água salgada, leve ao fogo médio por cerca de 10 minutos, ou até que estejam levemente macias. Escorra e reserve. Tempere os filés de peixe com sal, suco de limão e alho picado. Deixe marinar por alguns minutos para absorver os sabores. Em uma assadeira, coloque um fio de azeite no fundo e distribua as rodelas de batata cozidas. Coloque os filés de peixe sobre as batatas na assadeira e regue com um fio de azeite de oliva. Leve a assadeira ao forno pré-aquecido e asse por cerca de 15-20 minutos, ou até que o peixe esteja cozido e as batatas estejam douradas. Retire do forno e sirva o filé de peixe com as batatas. Polvilhe com salsa picada para decorar. Você pode acompanhar esse prato com uma salada fresca e molho tártaro ou algum outro molho de sua preferência.

A carne de peixe ajuda a prevenir tanto enfermidades físicas – como diabetes ou osteoporose – quanto mentais – como depressão e ansiedade.

Filé de Frango com Crosta de Aveia

Ingredientes:
- 4 filés de peito de frango
- Sal a gosto
- 1 xícara de aveia em flocos
- ½ xícara de farinha de trigo
- 2 ovos
- 1 colher de sopa de leite
- 2 colheres de sopa de azeite

Modo de preparo:
Pré-aqueça o forno a 200°C. Tempere os filés de frango com sal a gosto. Em um prato, misture a aveia em flocos e a farinha de trigo. Em outro prato, bata os ovos com o leite. Passe os filés de frango na mistura de ovos batidos, certificando-se de que estejam completamente cobertos. Em seguida, passe cada filé de frango na mistura de aveia e farinha, pressionando delicadamente para que a crosta grude bem. Em uma frigideira grande, aqueça o azeite em fogo médio-alto. Coloque os filés de frango na frigideira e frite-os por cerca de 3 minutos de cada lado, até que a crosta esteja dourada. Transfira os filés de frango para uma assadeira e leve ao forno pré-aquecido por aproximadamente 15 minutos, ou até que estejam cozidos por completo e suculentos. Retire do forno e sirva os filés de frango acompanhados de salada, legumes ou arroz.

A aveia contém antioxidantes que ajudam a diminuir a pressão arterial e, por isso, contribui para a prevenção de doenças cardiovasculares.

Filé de Frango com Requeijão e Brócolis

Ingredientes:
- 2 peitos de frango
- 4 colheres de sopa de requeijão
- 1 xícara de brócolis picados
- 2 colheres de sopa de azeite
- 1 dente de alho picado
- Suco de meio limão
- Sal a gosto

Modo de preparo:
Pré-aqueça o forno a 200°C. Tempere os peitos de frango com sal e suco de limão. Em uma frigideira grande, aqueça o azeite em fogo médio. Adicione o alho picado e refogue por alguns segundos, até ficar perfumado. Adicione os brócolis à frigideira e cozinhe por cerca de 3-4 minutos. Coloque os peitos de frango em uma assadeira ou refratário. Misture o requeijão aos brócolis e espalhe duas colheres de sopa dessa mistura sobre cada peito de frango. Enrole-os e prenda com um palito de dentes. Leve a assadeira ao forno pré-aquecido e asse por cerca de 15-20 minutos, ou até que o frango esteja completamente cozido. Retire do forno e deixe descansar por alguns minutos antes de servir. Se desejar, decore com salsinha picada.

O limão é rico em vitamina C, reduz alergias e resfriados, além de ter efeito antisséptico e antibiótico

Frango Xadrez

Ingredientes:
- 500 g de peito de frango cortado em cubos
- 1 pimentão verde cortado em cubos
- 1 pimentão vermelho cortado em cubos
- 1 cebola média cortada em cubos
- 1 cenoura cortada em cubos
- 1 xícara de brócolis picados
- 2 dentes de alho picados
- 2 colheres de sopa de azeite
- 2 colheres de sopa de molho de soja
- Sal a gosto
- Amido de milho (opcional, para engrossar o molho)
- ½ xícara de água

Modo de preparo:
Em uma frigideira grande, aqueça o azeite em fogo médio-alto. Adicione o alho picado e refogue por cerca de 1 minuto, até ficar perfumado. Adicione os cubos de frango à frigideira e cozinhe até que estejam completamente dourados. Adicione a cebola, os pimentões e a cenoura à frigideira e refogue por cerca de 3-4 minutos, até que os legumes fiquem levemente macios. Adicione o brócolis e continue cozinhando por mais 2-3 minutos. Em uma tigela pequena, misture o molho de soja, o sal e a água. Despeje essa mistura sobre o frango e os legumes na frigideira. Se você quiser um molho mais encorpado, misture cerca de 1 colher de sopa de amido de milho com um pouco de água em uma tigela separada e adicione à frigideira. Cozinhe por mais 1-2 minutos, até que o molho engrosse. Retire a frigideira do fogo e sirva o frango com arroz branco ou macarrão.

O pimentão ajuda no alívio das dores, pois é um anti-inflamatório natural.

Gratinado de Salsicha e Batatas

Fácil e delicioso!

Ingredientes:
- 8 salsichas (tradicional ou de frango)
- 500 g de batatas cortadas em rodelas
- 200 g de queijo muçarela ralado
- 1 cebola média picada
- 2 dentes de alho picados
- 2 colheres de sopa de manteiga
- 2 colheres de sopa de farinha de trigo
- 500 ml de leite
- Sal a gosto
- Noz-moscada a gosto
- ½ xícara de queijo parmesão ralado (opcional)
- Salsa ou cebolinha picada para decorar (opcional)

Modo de preparo:
Pré-aqueça o forno a 180°C. Em uma panela, cozinhe as batatas em água, até que fiquem macias. Escorra a água e reserve. Em uma panela grande, coloque água suficiente para cobrir as salsichas e leve para ferver. Quando a água estiver borbulhando, adicione as salsichas e cozinhe por cerca de 5 minutos. Retire as salsichas da água e reserve. Em uma frigideira, derreta a manteiga em fogo médio, adicione a cebola e o alho picados e refogue até ficarem macios e translúcidos. Adicione a farinha de trigo à frigideira e mexa bem para incorporar a manteiga e formar uma pasta. Aos poucos, adicione o leite, mexendo constantemente para evitar a formação de grumos. Cozinhe até que o molho engrosse e fique cremoso. Tempere o molho com o sal e a noz-moscada a gosto. Mexa bem para incorporar os temperos. Corte as salsichas em rodelas e adicione-as ao molho branco na panela. Acrescente as batatas e misture bem. Transfira o conteúdo da panela para um refratário untado com manteiga ou azeite, espalhe o queijo muçarela ralado por cima do gratinado. Se desejar, polvilhe queijo parmesão ralado. Leve o refratário ao forno pré-aquecido e asse por aproximadamente 20-25 minutos, ou até que o queijo esteja dourado e borbulhante. Retire do forno e deixe descansar por alguns minutos antes de servir. Decore com salsa ou cebolinha picada, se desejar, e sirva o gratinado de salsicha e batatas quente.

Panqueca Colorida

Ingredientes:
- 1 xícara de farinha de trigo
- 1 ovo
- 1 xícara de leite
- 1 colher de sopa de azeite
- 1 colher de chá de sal
- 1 colher de chá de fermento em pó
- Corante alimentício natural de sua escolha (por exemplo, açafrão ou páprica)

O açafrão O açafrão é um corante natural que dá um tom alaranjado aos alimentos.

Modo de preparo:
Em uma tigela, misture a farinha de trigo, o sal e o fermento em pó. Em outra tigela, bata o ovo e misture o leite e o azeite. Adicione os líquidos à mistura de farinha e mexa até obter uma massa homogênea. Separe a massa em porções iguais, conforme o número de cores que deseja criar. Adicione algumas gotas de corante alimentício em cada porção e misture bem até que a cor esteja uniforme. Aqueça uma frigideira antiaderente em fogo médio c untc com um pouco de óleo ou manteiga. Despeje uma porção de massa na frigideira e deixe cozinhar até que a parte de baixo fique dourada. Vire a panqueca e cozinhe do outro lado. Repita o processo com as outras porções de massa colorida. Sirva as panquecas com os recheios e acompanhamentos de sua preferência, como queijo, presunto, frango, tomate, cebola, ervas frescas, entre outros.

Panqueca de Abobrinha

Ingredientes:
- 1 abobrinha grande ralada
- 1 xícara de farinha de trigo
- 1 xícara de leite
- 2 ovos
- 1 xícara de queijo parmesão ralado
- 1 colher de sopa de fermento em pó
- 1 colher de chá de sal
- 1 colher de sopa de azeite

Modo de preparo:
Em uma tigela grande, misture a abobrinha ralada, a farinha de trigo, o leite, os ovos e o queijo até obter uma mistura homogênea. Adicione o fermento em pó e o sal à mistura e mexa bem. Aqueça uma frigideira antiaderente em fogo médio e coloque um pouco de azeite. Com uma concha, despeje um pouco da mistura na frigideira quente e espalhe a massa de modo que fique fina e uniforme. Deixe a panqueca cozinhar por cerca de 2-3 minutos de cada lado, até que fique dourada e crocante. Repita o processo até que toda a mistura seja usada.

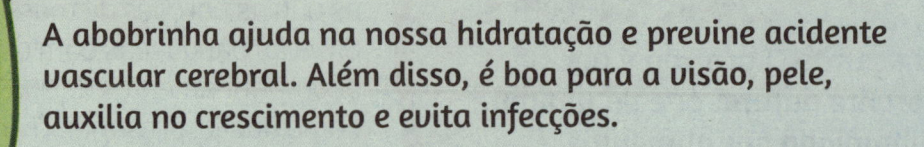

A abobrinha ajuda na nossa hidratação e previne acidente vascular cerebral. Além disso, é boa para a visão, pele, auxilia no crescimento e evita infecções.

Quibe Assado

Ingredientes:
- 500 g de trigo para quibe
- 500 g de carne moída (tradicionalmente, utiliza-se a carne patinho)
- 1 cebola média picada
- 2 dentes de alho picados
- ½ xícara de hortelã fresca
- 2 colheres de sopa de azeite
- Suco de 1 limão
- 1 colher de chá de cominho em pó
- Sal a gosto

A hortelã combate cólicas menstruais e outros possíveis sintomas que surgem nesse período, como gases intestinais e diarreia.

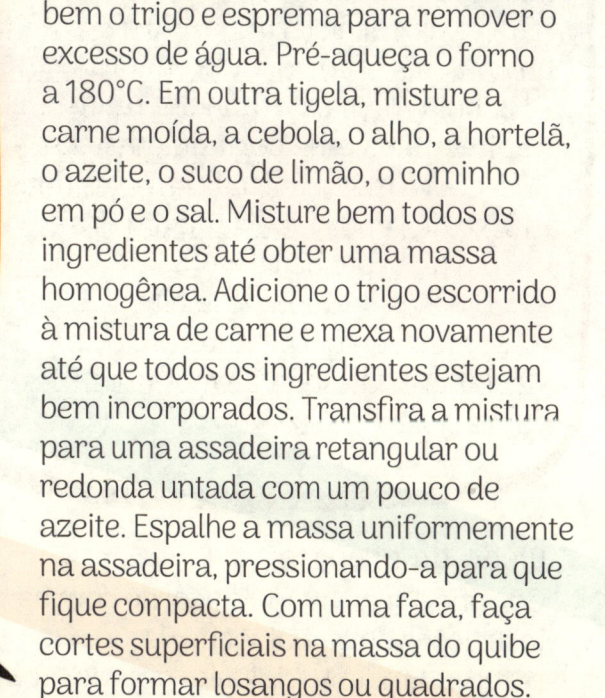

Modo de preparo:
Coloque o trigo para quibe em uma tigela grande e cubra com água fria. Deixe de molho por cerca de 2 horas ou até que o trigo fique macio. Em seguida, escorra bem o trigo e esprema para remover o excesso de água. Pré-aqueça o forno a 180°C. Em outra tigela, misture a carne moída, a cebola, o alho, a hortelã, o azeite, o suco de limão, o cominho em pó e o sal. Misture bem todos os ingredientes até obter uma massa homogênea. Adicione o trigo escorrido à mistura de carne e mexa novamente até que todos os ingredientes estejam bem incorporados. Transfira a mistura para uma assadeira retangular ou redonda untada com um pouco de azeite. Espalhe a massa uniformemente na assadeira, pressionando-a para que fique compacta. Com uma faca, faça cortes superficiais na massa do quibe para formar losangos ou quadrados. Leve a assadeira ao forno pré-aquecido e asse o quibe por aproximadamente 40-45 minutos, ou até que fique dourado.

> O molho do Yakisoba se assemelha ao molho inglês, só que mais denso e concentrado.

Yakisoba

Ingredientes:
- 250 g de macarrão para Yakisoba
- 200 g de carne (frango, carne bovina ou suína) cortada em tiras
- 1 cebola média cortada em fatias
- 1 pimentão verde cortado em tiras
- 1 cenoura média cortada em tiras finas
- 100 g de repolho cortado em tiras
- 100 g de broto de feijão
- 2 colheres de sopa de azeite
- 2 dentes de alho picados
- 2 colheres de sopa de molho de soja
- Sal a gosto

Modo de preparo:
Cozinhe o macarrão de acordo com as instruções da embalagem. Escorra e reserve. Em uma frigideira grande ou wok, aqueça o azeite em fogo médio-alto. Adicione a carne e refogue até que esteja bem cozida. Remova a carne da frigideira e reserve. Na mesma frigideira, adicione a cebola, o pimentão, a cenoura, o repolho e o broto de feijão. Refogue por alguns minutos até que os legumes estejam macios. Adicione o alho picado e refogue por mais alguns segundos. Retorne a carne à frigideira e misture bem com os legumes. Adicione o molho de soja e o sal. Misture bem para envolver todos os ingredientes. Acrescente o macarrão cozido à frigideira e misture delicadamente para que fique bem incorporado ao restante dos ingredientes. Cozinhe por mais alguns minutos até que o macarrão esteja aquecido e todos os sabores estejam combinados. Retire do fogo e sirva o Yakisoba quente. Você pode personalizar a receita adicionando outros vegetais de sua preferência, como brócolis, cogumelos ou acelga. Além disso, pode experimentar diferentes tipos de carne ou adicionar camarões, se preferir.

Arroz com Legumes

Ingredientes:
- 1 xícara de arroz
- 2 xícaras de água
- 1 colher de sopa de azeite
- 1 cebola pequena picada
- 2 dentes de alho picados
- 1 cenoura grande em cubos pequenos
- 1 lata de milho verde
- 1 lata de ervilhas
- Algumas vagens picadas
- Salsa ou coentro picado para decorar (opcional)

A vagem é uma excelente opção para combater a anemia.

Modo de preparo:
Em uma panela, aqueça o azeite em fogo médio. Adicione a cebola e o alho picados e refogue até ficarem dourados. Acrescente a cenoura, o milho, as ervilhas e a vagem. Refogue por alguns minutos até os legumes ficarem macios, mas ainda crocantes. Adicione o arroz à panela e mexa bem. Em seguida, adicione a água e o sal. Misture tudo novamente. Deixe a água ferver e, assim que começar a borbulhar, reduza o fogo para médio-baixo e tampe a panela. Cozinhe por cerca de 15-20 minutos, ou até que o arroz esteja macio e a água tenha sido absorvida. Retire a panela do fogo e deixe o arroz descansar tampado por mais 5 minutos. Antes de servir, mexa delicadamente o arroz com legumes para incorporar os sabores. Se desejar, polvilhe salsa ou coentro picado por cima como decoração.

Arroz de Forno

Ingredientes:
- 2 xícaras de arroz cozido
- 1 xícara de queijo muçarela ralado
- 1 xícara de queijo parmesão ralado
- ½ xícara de molho de tomate
- ½ cebola picada
- 2 dentes de alho picados
- ½ xícara de ervilha
- ½ xícara de milho
- ½ xícara de presunto picado
- ½ xícara de bacon em cubos
- ½ xícara de azeitona verde picada
- 2 colheres de sopa de manteiga
- Sal a gosto

Modo de preparo:
Pré-aqueça o forno a 180°C. Em uma panela, aqueça a manteiga e refogue a cebola e o alho até que fiquem dourados. Acrescente o presunto e o bacon e frite por alguns minutos até dourarem. Adicione o molho de tomate, a ervilha, o milho e a azeitona e misture tudo. Adicione o arroz cozido à panela e misture bem. Tempere com sal a gosto. Transfira o arroz para um refratário e cubra com o queijo muçarela ralado e o queijo parmesão ralado. Leve ao forno por cerca de 20-25 minutos ou até que o queijo derreta e doure.

O arroz é fonte de energia e de fácil digestão. Também melhora os movimentos do intestino e suas baixas taxas de sódio o fazem ser considerado ótimo para aqueles que sofrem de hipertensão.

Bolinho de Arroz

Ingredientes:
- 2 xícaras de arroz cozido
- ½ xícara de queijo ralado
- 2 ovos
- ½ cebola picada
- 2 colheres de sopa de salsa picada
- Sal a gosto
- Farinha de trigo suficiente para dar ponto na massa
- Óleo para fritar

Modo de preparo:
Em uma tigela, misture o arroz cozido, o queijo ralado, os ovos, a cebola picada e a salsa. Tempere com sal a gosto. Adicione farinha de trigo suficiente para dar ponto na massa, que deve ficar firme o suficiente para modelar os bolinhos. Modele os bolinhos com as mãos ou com a ajuda de uma colher de sopa. Em uma panela, aqueça o óleo em fogo médio, frite os bolinhos e escorra em papel toalha.

A salsa combate o mau hálito, ajuda a controlar o diabetes, fortalece o sistema imunológico e trata a infecção urinária.

Caldo de Feijão

Ingredientes:
- 2 xícaras de feijão cozido
- 1 cebola média picada
- 3 dentes de alho picados
- 2 folhas de louro
- 4 xícaras de água
- Sal a gosto
- Cebolinha picada para decorar

Modo de preparo:
Adicione a cebola e o alho picados em uma panela. Refogue por alguns minutos até ficarem macios e levemente dourados. Adicione as folhas de louro e o feijão cozido à panela. Mexa bem para combinar os ingredientes. Acrescente a água e mexa novamente. Deixe o caldo ferver e, em seguida, reduza o fogo para médio-baixo. Deixe o caldo cozinhando por cerca de 15-20 minutos, mexendo ocasionalmente. Retire as folhas de louro e use um mixer de imersão ou um liquidificador para bater o caldo até obter uma consistência cremosa. Se preferir, deixe alguns grãos de feijão inteiros para dar textura ao caldo. Tempere com sal a gosto. Lembre-se de provar e ajustar os temperos conforme necessário. Sirva o caldo de feijão quente, decorado com cebolinha picada.

O feijão atua no controle de absorção de gorduras, contribuindo para o equilíbrio do colesterol.

Creme de Milho

Ingredientes:
- 2 latas de milho em conserva
- 1 cebola média picada
- 2 dentes de alho picados
- 2 colheres de sopa de manteiga
- 2 xícaras de leite
- Sal a gosto

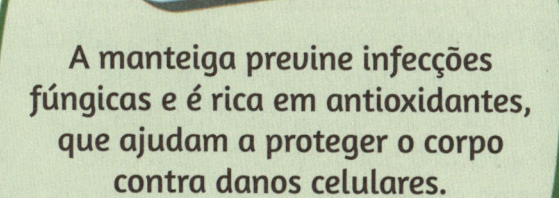

A manteiga previne infecções fúngicas e é rica em antioxidantes, que ajudam a proteger o corpo contra danos celulares.

Modo de preparo:
Escorra bem o milho em conserva. Em uma panela grande, derreta a manteiga em fogo médio, adicione a cebola picada e o alho e refogue até ficarem macios e levemente dourados. Acrescente o milho à panela e refogue por alguns minutos, mexendo ocasionalmente. Em seguida, adicione o leite à panela e deixe ferver. Quando o leite começar a ferver, reduza o fogo para médio-baixo e cozinhe por cerca de 10 minutos, mexendo aos poucos, até que o milho esteja macio. Retire a panela do fogo e deixe a mistura esfriar um pouco. Use um liquidificador ou processador de alimentos para bater a mistura até obter uma consistência cremosa. Se preferir um creme mais espesso, você pode deixar alguns grãos de milho inteiros ou processar apenas parte da mistura. Retorne o creme de milho à panela e aqueça novamente em fogo baixo. Tempere com sal a gosto.

Para quem ama queijo!

Lasanha ao Molho Quatro Queijos

Ingredientes:
- 250 g de massa de lasanha (pré-cozida, se preferir)
- 200 g de queijo muçarela ralado
- 100 g de queijo parmesão ralado
- 100 g de queijo gorgonzola esfarelado
- 100 g de queijo provolone ralado
- 500 ml de molho branco
- Noz-moscada e orégano a gosto
- Azeite

Modo de preparo:
Pré-aqueça o forno a 180°C. Em uma panela, prepare o molho branco. Derreta um pouco de manteiga e adicione farinha de trigo, mexendo até formar um creme espesso. Em seguida, adicione leite aos poucos, mexendo sempre, até obter um molho cremoso. Tempere com sal e uma pitada de noz-moscada. Em um refratário, faça camadas alternadas de massa de lasanha pré-cozida, molho branco e os queijos (muçarela, parmesão, gorgonzola e provolone). Repita as camadas até utilizar todos os ingredientes, terminando com uma camada de queijos por cima. Regue a última camada de queijo com um fio de azeite e polvilhe um pouco de orégano por cima. Cubra o refratário com papel alumínio e leve ao forno pré-aquecido por cerca de 30 minutos. Depois, remova o papel alumínio e deixe assar por mais 10-15 minutos, até que a lasanha esteja dourada e borbulhante. Retire do forno e deixe descansar por alguns minutos antes de servir.

Macarrão à Bolonhesa

Ingredientes:

- 300 g de macarrão (espaguete, penne, fusilli, ou de sua preferência)
- 500 g de carne moída
- 1 cebola média picada
- 2 dentes de alho picados
- 1 cenoura média ralada
- 1 talo de aipo picado
- 1 lata (400 g) de tomate pelado
- 1 folha de louro
- 1 colher de chá de açúcar
- Azeite de oliva
- Sal a gosto
- Queijo parmesão ralado (opcional)
- Folhas de manjericão fresco para decorar (opcional)

O aipo é rico em vitamina K, ajudando a prevenir problemas como gota e artrite.

Modo de preparo:

Em uma panela grande, aqueça um pouco de azeite em fogo médio, adicione a cebola, o alho, a cenoura e o aipo picados. Refogue por cerca de 5 minutos, ou até que os legumes fiquem macios. Adicione a carne moída à panela e cozinhe até que fique bem dourada, mexendo ocasionalmente para desfazer os pedaços maiores. Acrescente o tomate pelado, quebre os pedaços maiores com uma colher e misture bem. Em seguida, adicione o açúcar, o louro e o sal. Reduza o fogo para médio-baixo, tampe a panela e deixe a bolonhesa cozinhar por pelo menos 30 minutos. Enquanto isso, em uma panela separada, cozinhe o macarrão de acordo com as instruções da embalagem, até ficar al dente. Escorra a água quando estiver pronto. Retire a folha de louro da bolonhesa e ajuste o tempero caso seja necessário. Sirva o macarrão em pratos individuais e cubra com o molho bolonhesa. Se desejar, polvilhe queijo parmesão ralado por cima e decore com folhas de manjericão fresco.

Macarrão Caprese

Ingredientes:
- 350 g de macarrão (pode ser penne, fusilli ou outro de sua preferência)
- 2 dentes de alho picados
- 3 colheres de sopa de azeite
- 250 g de tomates cereja cortados ao meio
- 200 g de muçarela de búfala em bolinhas
- ½ xícara de folhas de manjericão fresco
- Sal a gosto
- Queijo parmesão ralado

O manjericão tem propriedades antibióticas, protegendo o organismo de bactérias e das infecções causadas por elas.

Modo de preparo:
Cozinhe o macarrão de acordo com as instruções da embalagem, em água salgada. Escorra bem e reserve. Em uma frigideira grande, aqueça o azeite em fogo médio, adicione o alho picado e refogue por cerca de 1 minuto, até ficar levemente dourado e perfumado. Adicione os tomates cereja à frigideira e cozinhe por cerca de 3-4 minutos, até que eles comecem a amolecer e liberar um pouco de suco. Acrescente as bolinhas de muçarela de búfala na frigideira e cozinhe por mais 2 minutos, até que comecem a derreter levemente. Coloque as folhas de manjericão fresco à frigideira e mexa delicadamente para combinar os ingredientes. Tempere com sal a gosto. Adicione o macarrão cozido à frigideira e misture bem, garantindo que o molho e os ingredientes cubram toda a massa. Retire do fogo e sirva imediatamente. Polvilhe queijo parmesão ralado por cima antes de servir.

Bacon é bom de vez em quando!

Macarrão à Carbonara

Ingredientes:
- 350 g de macarrão
- 200 g de bacon em fatias finas
- 3 gemas de ovo
- 50 g de queijo parmesão ralado
- Sal a gosto
- Azeite

Modo de preparo:
Coloque água com um pouco de sal em uma panela grande e leve para ferver. Adicione o macarrão e cozinhe de acordo com as instruções da embalagem até ficar al dente. Enquanto o macarrão cozinha, aqueça uma frigideira grande em fogo médio-alto, adicione as fatias de bacon e frite-as até ficarem douradas e crocantes. Retire o bacon da frigideira e coloque-o em um prato forrado com papel-toalha para escorrer o excesso de gordura. Em uma tigela média, misture as gemas de ovo e o queijo parmesão ralado. Tempere com uma pitada de sal. Bata bem até obter uma mistura homogênea. Quando o macarrão estiver pronto, escorra, mas reserve cerca de ½ xícara da água do cozimento. Volte o macarrão cozido para a panela em fogo baixo. Se desejar, regue com um fio de azeite. Adicione o bacon frito e misture bem. Retire a panela do fogo. Adicione lentamente a mistura de gemas e queijo ao macarrão, mexendo rapidamente para evitar que as gemas cozinhem demais e formem grumos. A mistura de gemas e queijo deve engrossar levemente com o calor residual do macarrão. Se necessário, adicione um pouco da água do cozimento reservada para obter uma consistência mais cremosa. Prove e ajuste o sal, se necessário.

Macarrão com Brócolis

Ingredientes:
- 250 g de macarrão (pode ser espaguete, penne, fusilli ou qualquer outro de sua preferência)
- 1 cabeça de brócolis média cortada em pequenos pedaços
- 1 lata de ervilhas (opcional)
- 2 dentes de alho picados
- 2 colheres de sopa de azeite
- Sal a gosto
- Queijo parmesão ralado (opcional)

Modo de preparo:
Em uma panela grande, ferva água com sal e cozinhe o macarrão de acordo com as instruções da embalagem. Certifique-se de que fique al dente. Escorra e reserve. Em outra panela, aqueça o azeite em fogo médio. Adicione o alho picado e refogue por cerca de 1 minuto, até ficar levemente dourado. Adicione os brócolis à panela e refogue por mais 4-5 minutos, mexendo ocasionalmente, eles devem ficar macios, mas ainda crocantes. Tempere o brócolis com sal a gosto. Adicione as ervilhas e outros temperos de sua preferência, como ervas secas, por exemplo. Despeje o macarrão cozido na panela com os brócolis e misture bem. Cozinhe por mais 1-2 minutos para aquecer o macarrão e garantir que todos os sabores se misturem. Polvilhe queijo parmesão ralado por cima.

> O macarrão ajuda a prolongar a sensação de saciedade e é uma boa fonte de energia.

Macarrão com Legumes e Frango

Ingredientes:
- 250 g de macarrão (do tipo de sua preferência)
- 2 peitos de frango cortados em cubos
- 1 cenoura cortada em fatias finas
- 1 xícara de brócolis picados
- 1 pimentão vermelho cortado em tiras
- 1 cebola média picada
- 2 dentes de alho picados
- 2 colheres de sopa de azeite de oliva
- Sal a gosto
- 1 colher de chá de páprica
- ½ xícara de molho de soja
- Salsa picada para decorar (opcional)

Modo de preparo:
Cozinhe o macarrão de acordo com as instruções da embalagem. Escorra e reserve. Em uma frigideira grande ou panela, aqueça o azeite em fogo médio-alto, adicione o frango e tempere com sal e páprica. Cozinhe até o frango ficar dourado, retire-o da frigideira e reserve. Na mesma frigideira, adicione a cebola e o alho, e refogue por alguns minutos até ficarem macios e levemente dourados. Adicione a cenoura, os brócolis e o pimentão à frigideira. Cozinhe por cerca de 5 minutos, mexendo ocasionalmente, até que os legumes fiquem levemente macios, mas ainda crocantes. Volte o frango à frigideira e misture bem com os legumes. Adicione o molho de soja à frigideira e mexa para incorporar todos os sabores. Cozinhe por mais alguns minutos para que tudo seja aquecido uniformemente. Adicione o macarrão cozido à frigideira e misture delicadamente para combinar todos os ingredientes. Verifique o tempero e ajuste o sal, se necessário. Retire do fogo e sirva o macarrão com frango e legumes. Se desejar, polvilhe salsa picada por cima para decorar.

A páprica ajuda na cicatrização de feridas, formação de colágeno e manutenção da imunidade.

Prático e delicioso!

Macarrão Hot Dog

Ingredientes:
- 200 g de macarrão (penne, espaguete ou de sua escolha)
- 4 salsichas
- 1 cebola média picada
- 2 dentes de alho picados
- 1 sachê de molho de tomate
- 1 colher de sopa de ketchup
- 1 colher de sopa de mostarda
- Sal a gosto
- Queijo ralado (opcional)

Modo de preparo:
Em uma panela grande, ferva água com sal e cozinhe o macarrão conforme as instruções da embalagem. Escorra e reserve. Enquanto o macarrão cozinha, aqueça uma frigideira em fogo médio e adicione um pouco de óleo ou azeite. Adicione as salsichas cortadas em rodelas e frite-as até ficarem douradas. Retire-as da frigideira e reserve. Em uma panela grande, adicione a cebola picada e o alho. Refogue até ficarem macios e levemente dourados. Acrescente o molho de tomate, o ketchup e a mostarda. Tempere com sal a gosto. Deixe o molho ferver e cozinhar por alguns minutos e adicione as salsichas. Mexa bem para misturar os ingredientes. Adicione o macarrão cozido ao molho e salsichas. Mexa delicadamente até que o macarrão esteja completamente coberto pelo molho.

Macarrão ao Molho Pesto

Ingredientes:
- 300 g de macarrão (de sua escolha, como espaguete ou penne)
- 2 xícaras de folhas de manjericão fresco
- 2 dentes de alho
- ⅓ xícara de pinhões ou nozes (opcional)
- ½ xícara de queijo parmesão ralado
- ½ xícara de azeite
- Sal a gosto

As nozes reduzem o risco de diabetes, combatem o estresse e atuam na saúde do cérebro.

Modo de preparo:
Em uma panela grande, ferva água com sal e cozinhe o macarrão de acordo com as instruções da embalagem. Enquanto o macarrão cozinha, prepare o molho pesto. Em um processador de alimentos, adicione as folhas de manjericão, o alho, os pinhões ou nozes (se estiver usando), o queijo parmesão e o sal. Pulse os ingredientes até obter uma mistura grossa e em seguida, com o processador ainda em funcionamento, adicione o azeite em fio até obter uma consistência suave e homogênea. Se necessário, ajuste o sal. Escorra o macarrão cozido e retorne-o à panela. Despeje o molho pesto sobre o macarrão e misture bem. Leve a panela de volta ao fogo baixo e aqueça o macarrão por cerca de 1-2 minutos, apenas para garantir que tudo esteja quente. Sirva o macarrão ao molho pesto imediatamente. Se desejar, você pode polvilhar um pouco de queijo parmesão ralado extra e folhas de manjericão por cima para decorar.

Muito versátil: recheie como quiser!

Omelete

Ingredientes:
- 3 ovos
- 2 colheres de sopa de leite
- Sal a gosto
- 1 colher de sopa de azeite
- Ingredientes opcionais: queijo ralado, presunto, tomate, cebola, pimentão, cogumelos, espinafre, etc.

Modo de preparo:
Quebre os ovos em uma tigela e adicione o leite. Bata bem com um garfo ou um fouet até obter uma mistura homogênea. Tempere com sal a gosto. Se desejar adicionar ingredientes extras, como queijo, presunto ou legumes, corte-os em pedaços pequenos. Aqueça uma frigideira antiaderente em fogo médio. Adicione o azeite, espere esquentar e despeje a mistura de ovos batidos na frigideira quente. Conforme os ovos cozinharem, use uma espátula para levantar as bordas e inclinar a frigideira, permitindo que o líquido restante escorra para a parte inferior. Quando a omelete estiver quase pronta, adicione os ingredientes extras sobre uma metade dela, dobre a outra metade sobre os ingredientes e pressione levemente com a espátula para selar. Cozinhe por mais alguns segundos para garantir que o centro da omelete esteja cozido, mas ainda úmido. Cuidado para não cozinhar demais e deixar a omelete ressecar. Deslize a omelete para um prato e sirva imediatamente. Você pode decorar com ervas frescas, como salsinha ou cebolinha, se desejar.

Purê de Batatas com Queijo

Ingredientes:
- 4 batatas médias
- ½ xícara de leite
- ¼ xícara de manteiga
- 1 xícara de queijo cheddar ralado
- Sal gosto

O leite auxilia no crescimento e ajuda a controlar o humor e a controlar a depressão.

Modo de preparo:
Descasque as batatas e corte-as em cubos médios. Lave-as em água fria para remover o excesso de amido. Coloque as batatas em uma panela grande e cubra-as com água, adicione uma pitada de sal, leve a panela ao fogo médio-alto e cozinhe as batatas até ficarem macias, cerca de 15-20 minutos. Enquanto as batatas estão cozinhando, pré-aqueça o forno a 180°C. Escorra as batatas cozidas e coloque-as de volta na panela vazia. Adicione a manteiga e amasse as batatas com um espremedor ou com um garfo até obter uma consistência de purê. Aqueça o leite em uma panela pequena ou no micro-ondas até ficar quente, mas não fervendo. Adicione o leite quente gradualmente ao purê de batatas, mexendo bem até obter uma consistência cremosa. Tempere com sal a gosto. Misture metade do queijo cheddar ralado ao purê de batatas, reservando a outra metade para cobertura. Transfira o purê para um refratário untado com manteiga. Espalhe o queijo cheddar restante por cima. Asse no forno pré-aquecido por cerca de 15-20 minutos, ou até que o queijo esteja derretido e levemente dourado. Retire do forno e sirva o purê de batatas com queijo ainda quente. Pode ser acompanhado por carnes ou vegetais, conforme a sua preferência

Purê de Mandioquinha com Carne Moída

Ingredientes:
- 500g de mandioquinha (batata-baroa)
- 300g de carne moída
- 1 cebola picada
- 2 dentes de alho picados
- 2 colheres de sopa de azeite
- ½ xícara de leite
- 2 colheres de sopa de manteiga
- Sal a gosto
- Salsinha picada para decorar

A mandioquinha é rica em vitaminas e fibras.

Modo de preparo:
Descasque as mandioquinhas e corte-as em pedaços médios. Coloque-as em uma panela com água fervente e cozinhe até que fiquem macias. Escorra e reserve. Em uma frigideira grande, aqueça o azeite em fogo médio. Adicione a cebola picada e o alho e refogue até que fiquem dourados. Adicione a carne moída à frigideira e cozinhe, mexendo ocasionalmente, até que fique bem dourada e cozida por completo. Tempere com sal a gosto. Reserve. Em uma panela separada, aqueça o leite e a manteiga em fogo médio até que a manteiga derreta completamente. Adicione as mandioquinhas cozidas à panela com o leite e a manteiga. Amasse-as até obter uma consistência cremosa. Tempere com sal a gosto. Em um prato de servir, coloque uma camada de purê de mandioquinha e, por cima, adicione a carne moída refogada.

De dar água na boca!

Risoto de Carne e Queijo

Ingredientes:
- 300 g de carne (pode ser filé mignon, alcatra ou outra carne macia)
- 2 xícaras de arroz arbóreo
- 1 cebola média picada
- 4 xícaras de caldo de carne (ou caldo de legumes, se preferir)
- 1 xícara de queijo parmesão ralado
- 100 g de queijo muçarela ralado
- 2 colheres de sopa de manteiga
- Sal a gosto
- Azeite

Modo de preparo:
Prepare o caldo de carne e mantenha-o aquecido em fogo baixo. Em uma panela grande, aqueça um pouco de azeite em fogo médio-alto, adicione a carne cortada em cubos pequenos e refogue até ficar dourada. Tempere com sal a gosto. Retire a carne da panela e reserve. Na mesma panela, adicione mais um pouco de azeite se necessário e refogue a cebola e o alho até ficarem macios e translúcidos. Acrescente o arroz arbóreo à panela e refogue por cerca de 1-2 minutos, mexendo constantemente, até que os grãos estejam bem revestidos com a gordura. Aos poucos, adicione o caldo de carne aquecido, cerca de uma concha por vez, mexendo sempre e esperando que cada concha de caldo seja absorvida antes de adicionar a próxima. Continue adicionando caldo e mexendo por cerca de 20 minutos ou até que o arroz esteja cozido. Quando o arroz estiver quase no ponto desejado, adicione a carne refogada e misture bem. Desligue o fogo e adicione o queijo parmesão ralado, a muçarela ralada e a manteiga. Mexa bem até que o queijo esteja derretido e o risoto esteja cremoso. Tempere com sal a gosto. Cubra a panela e deixe descansar por alguns minutos antes de servir.

Risoto de Couve-flor e Camarões

Ingredientes:

- 1 couve-flor grande
- 250 g de camarões limpos e descascados
- 1 cebola média picada
- 2 dentes de alho picados
- 1 colher de sopa de manteiga
- 1 colher de sopa de azeite
- 1 xícara de arroz arbóreo
- 4 xícaras de caldo de legumes (aproximadamente)
- Sal a gosto
- Queijo parmesão ralado (opcional)

Modo de preparo:

Corte a couve-flor em pequenos floretes e coloque no processador de alimentos. Processe até obter uma consistência de arroz de couve-flor. Reserve. Em uma panela grande, aqueça uma colher de sopa de manteiga em fogo médio. Adicione os camarões e cozinhe por cerca de 2-3 minutos, até que fiquem rosados e cozidos. Retire os camarões da panela e reserve. Na mesma panela, adicione o azeite e refogue a cebola e o alho por alguns minutos, até que fiquem macios e translúcidos. Adicione o arroz arbóreo à panela e refogue por cerca de 1 minuto, mexendo sempre. Aos poucos, adicione o caldo de legumes, ½ xícara de cada vez, mexendo constantemente e aguardando até que seja absorvido antes de adicionar mais caldo. Continue adicionando caldo e mexendo até que o arroz esteja cozido, o que leva cerca de 20 minutos. Adicione a couve-flor processada ao risoto e cozinhe por mais 5 minutos, mexendo delicadamente. Tempere com sal a gosto. Adicione os camarões reservados e misture bem. Se desejar, adicione um pouco de queijo parmesão ralado ao risoto e mexa até derreter.

> A carne de camarão retarda o crescimento de tumores e reduz o risco de problemas cardiovasculares.

Sopa de Carne com Legumes

Ingredientes:
- 200 g de carne (como filé-mignon, contrafilé, frango ou porco) em fatias finas
- 2 colheres de sopa de azeite de oliva
- Sal a gosto
- 4 xícaras de legumes variados cortados em pedaços pequenos (pode ser uma combinação de cenoura, brócolis, pimentão, couve-flor, cebola, tomate cereja, etc.)
- 2 colheres de sopa de vinagre balsâmico
- 2 colheres de sopa de molho de soja
- 1 dente de alho picado
- Um punhado de gergelim torrado (opcional)

Substituir o sal pelo molho de soja se torna mais saudável, pois ele é feito à base de soja, um alimento rico em nutrientes.

Modo de preparo:
Em uma frigideira grande, aqueça o azeite em fogo médio-alto, adicione as fatias de carne e tempere com sal. Cozinhe por alguns minutos até que a carne esteja dourada e cozida. Retire a carne da frigideira e reserve. Na mesma frigideira, adicione os legumes cortados e cozinhe por alguns minutos até ficarem macios, porém crocantes. Você pode adicionar um pouco mais de azeite se necessário. Tempere com sal. Enquanto os legumes cozinham, prepare o molho. Em uma tigela pequena, misture o vinagre balsâmico, o molho de soja e o alho picado. Retorne a carne cozida à frigideira com os legumes e despeje o molho por cima. Mexa delicadamente para combinar todos os ingredientes e garantir que a carne e os legumes estejam bem revestidos com o molho. Cozinhe por mais alguns minutos para aquecer a carne e os legumes no molho. Retire do fogo e transfira para uma tigela de servir. Polvilhe o gergelim por cima, se desejar.

Sopa de Tomate

Ingredientes:

- 1 kg de tomates maduros
- 1 cebola média picada
- 2 dentes de alho picados
- 2 colheres de sopa de azeite
- 4 xícaras de caldo de legumes ou água
- 1 colher de chá de açúcar
- Sal a gosto
- Folhas de manjericão fresco (opcional)

O tomate torna a pele menos sensível aos efeitos nocivos dos raios ultravioleta.

Modo de preparo:

Lave os tomates e retire a pele e as sementes. Você pode conseguir isso fazendo um pequeno corte em forma de cruz na base de cada tomate e mergulhando-os em água fervente por cerca de 1 minuto. Em seguida, transfira-os para água gelada e a pele sairá facilmente. Corte os tomates em pedaços grandes. Em uma panela grande, aqueça o azeite em fogo médio, adicione a cebola e o alho picados e refogue até que fiquem macios e translúcidos. Adicione os tomates cortados à panela e refogue por alguns minutos até que eles comecem a amolecer. Despeje o caldo de legumes ou água na panela. Tempere com sal e o açúcar. Misture bem e deixe a sopa ferver. Reduza o fogo para médio-baixo, tampe a panela e deixe a sopa cozinhar por cerca de 20-30 minutos, até que os tomates estejam bem macios. Use um liquidificador ou um mixer de imersão para triturar a sopa até obter uma consistência cremosa. Se preferir uma sopa com pedaços de tomate, bata apenas metade dela. Após esse procedimento, coloque-a de volta na panela e aqueça novamente em fogo baixo. Prove e ajuste o tempero, se necessário.

Suflê de Cenoura

Ingredientes:
- 3 cenouras médias
- 3 ovos
- 1 colher de sopa de manteiga
- 2 colheres de sopa de farinha de trigo
- 1 xícara de leite
- ½ xícara de queijo ralado (de sua preferência)
- Sal a gosto

Os carotenóides responsáveis pela cor alaranjada da cenoura também ajudam a regular os níveis de glicose no sangue.

Modo de preparo:
Pré-aqueça o forno a 180°C. Descasque e rale as cenouras em um ralador fino. Em uma panela, derreta a manteiga em fogo médio, adicione as cenouras raladas e refogue por alguns minutos até que fiquem macias. Adicione a farinha de trigo às cenouras refogadas e mexa bem por cerca de 1 minuto. Gradualmente, adicione o leite à mistura, mexendo constantemente para evitar a formação de grumos. Continue cozinhando até obter um creme espesso. Retire a panela do fogo e deixe a mistura esfriar um pouco. Separe as gemas das claras dos ovos e adicione as gemas à mistura de cenoura, mexendo bem. Tempere com sal a gosto e misture o queijo ralado. Em uma tigela separada, bata as claras em neve até obter uma consistência firme. Com cuidado, incorpore as claras em neve à mistura de cenoura, fazendo movimentos delicados de baixo para cima. Despeje a mistura em uma forma refratária untada com manteiga. Leve ao forno pré-aquecido e asse por cerca de 25-30 minutos ou até que o suflê esteja dourado e firme. Retire do forno e sirva imediatamente. O suflê irá murchar um pouco após ser retirado do forno, então é importante servir enquanto estiver quente.

Espetinho de Peixe com Legumes

Ingredientes:
- 2 kg de cação em cubos
- ⅓ xícara de chá de molho de soja
- Suco de 1 limão
- 1 pimentão verde em cubos
- 1 pimentão vermelho em cubos
- 1 cenoura em tiras pequenas
- 1 cebola roxa em tiras pequenas
- Sal e azeite a gosto

Modo de preparo:
Em uma tigela grande, coloque os cubos de peixe com o molho de soja e o limão e deixe descansar por 10 minutos. Em outra tigela, tempere os pimentões, a cenoura e a cebola com sal e azeite. Em palitos de madeira, monte os espetinhos alternando os ingredientes. Monte todos os espetos, aqueça uma grelha antiaderente untada com azeite, em fogo médio, e doure os espetinhos por 4 minutos de cada lado.

O pimentão contribui para uma visão melhor e fortalece o sistema imunológico.

Nuggets Caseiros

Ingredientes:
- 2 peitos de frango
- 100 ml de leite
- 100 g de requeijão
- 100 g de farinha de rosca
- 1 ovo
- Sal a gosto

Modo de preparo:
Corte os peitos de frango em pedaços pequenos e separe-os. Em outro recipiente, junte o leite, o requeijão e o sal a gosto. Junte o frango e misture bem. Em seguida, empane os pedaços de frango na farinha de rosca. Finalize como preferir, fritando ou assando!

O requeijão possui menos gordura se comparado à manteiga. Também é rico em cálcio.

Sopa de Ervilha

Ingredientes:
- 1 kg de ervilha
- 4 litros de água
- 500 g de carne de sua preferência cortada em cubos
- 75 g de creme de cebola
- 1 colher de sobremesa de sal
- 25 g de caldo de galinha
- 2 colheres de sopa de azeite

Modo de preparo:
Coloque o azeite na panela de pressão e frite totalmente os cubos de carne. Acrescente as ervilhas e a água e deixe cozinhar por 20 minutos depois que pegar pressão. Com a ajuda de um adulto, espere a pressão toda sair, abra a panela, despeje o creme de cebola e o caldo de galinha. Com a panela aberta, deixe a mistura cozinhar até ferver.

As ervilhas ajudam a proteger o coração e combatem o envelhecimento da pele.

Kafta

Ingredientes:
- 500 g de carne moída (pode ser carne de cordeiro, bovina ou uma mistura)
- 1 cebola média picada
- 3 dentes de alho picados
- ¼ de xícara de salsinha fresca picada
- ¼ de xícara de hortelã fresca picada
- 1 colher de chá de cominho em pó
- Sal a gosto
- Palitos de madeira para espetinhos (opcional)

Modo de preparo:
Em uma tigela grande, misture a carne moída, a cebola, o alho, a salsinha, a hortelã, o cominho e o sal. Certifique-se de que todos os ingredientes estejam bem incorporados. Pegue pequenas porções da mistura de carne e molde-as em formato de salsichas ou bolinhas alongadas. Se preferir, espete a kafta em palitos de madeira, formando espetinhos. Pré-aqueça a grelha ou forno em fogo médio alto. Coloque as kaftas na grelha ou em uma assadeira e cozinhe por cerca de 6-8 minutos, virando ocasionalmente, até que fiquem bem douradas por fora e cozidas por dentro. O tempo pode variar dependendo da espessura das kaftas. Retire-as da grelha ou forno e deixe-as descansar por alguns minutos antes de servi-las.

O cominho atua no controle dos níveis de açúcar no sangue e colesterol.

Sobremesas Irresistíveis

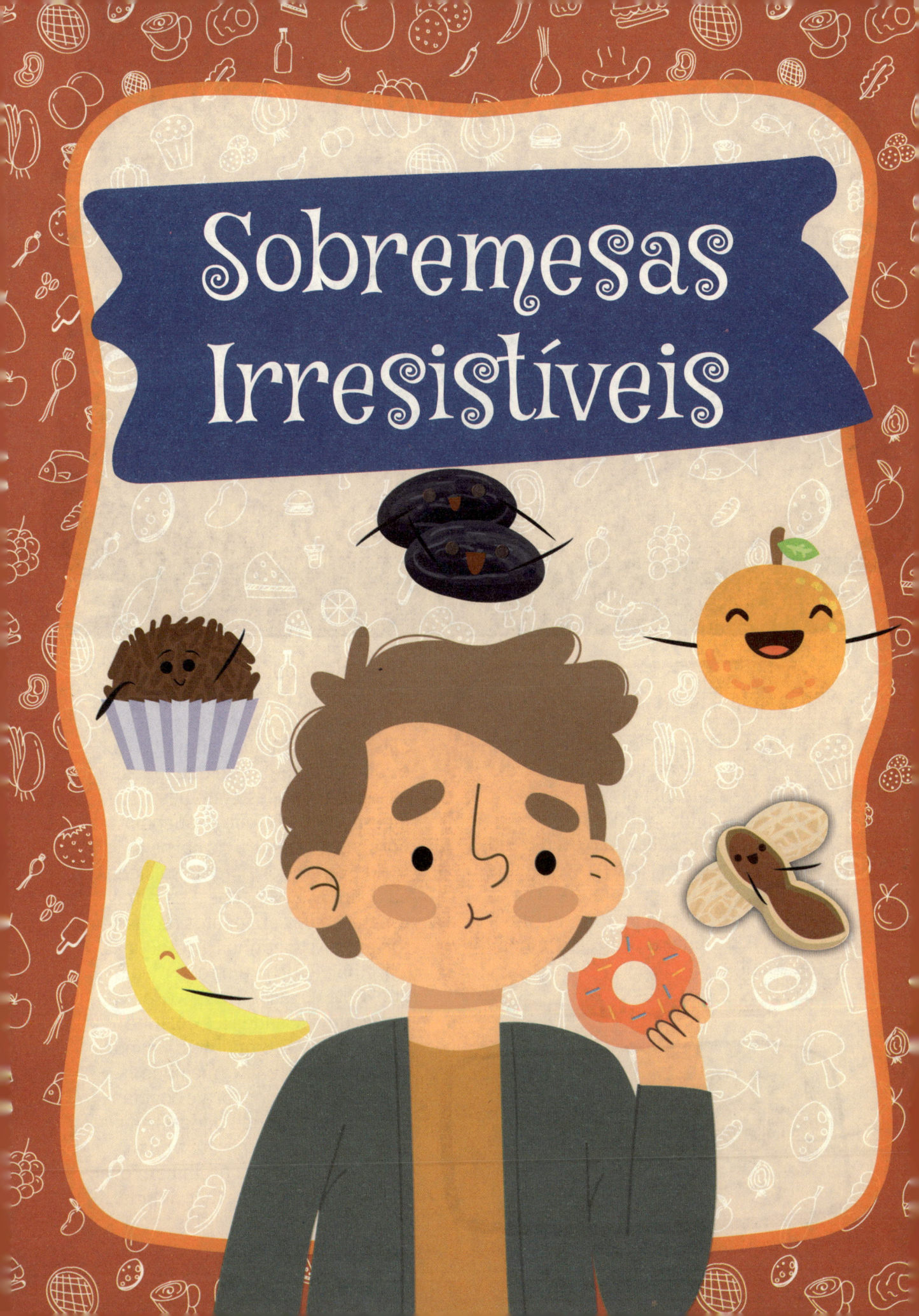

Bolinho de Chuva

Ingredientes:
- 2 ovos
- 2 colheres de sopa de açúcar
- 1 xícara de chá de farinha de trigo
- 1 colher de sopa de fermento em pó
- ½ xícara de chá de leite
- 1 pitada de sal
- Óleo para fritar
- Açúcar e canela (opcional) para polvilhar

Modo de preparo:
Em uma tigela, bata os ovos com o açúcar até obter uma mistura homogênea. Adicione a farinha de trigo, o fermento em pó e a pitada de sal. Misture bem. Aos poucos, adicione o leite, mexendo sempre, até obter uma massa lisa e homogênea. Em uma panela, aqueça o óleo em fogo médio. Com a ajuda de duas colheres de sopa, modele bolinhos com a massa e frite-os no óleo quente até dourarem. Retire os bolinhos com uma escumadeira e coloque-os em um prato forrado com papel toalha para retirar o excesso de óleo. Polvilhe açúcar e canela por cima dos bolinhos ainda quentes.

A canela reduz o risco de doenças cardíacas, diminui o colesterol e previne infecções.

Bolo de Aveia com Cacau

Ingredientes:
- 2 xícaras de aveia em flocos finos
- 1 xícara de açúcar mascavo
- ½ xícara de cacau em pó
- 1 colher de sopa de fermento em pó
- ½ colher de chá de bicarbonato de sódio
- 2 ovos
- 1 xícara de leite
- ½ xícara de óleo de coco
- 1 colher de chá de essência de baunilha

A baunilha pode prevenir a acne e alivia condições respiratórias.

Modo de preparo:
Pré-aqueça o forno a 180°C. Unte uma forma de bolo com óleo ou manteiga e reserve. Em uma tigela grande, misture a aveia, o açúcar mascavo, o cacau em pó, o fermento em pó e o bicarbonato de sódio. Em outra tigela, bata os ovos. Junte o leite, óleo de coco e essência de baunilha. Mexa bem. Adicione os ingredientes líquidos aos secos e misture bem, até obter uma massa homogênea. Despeje a massa na forma previamente untada e leve ao forno por cerca de 35 minutos, ou até que um palito inserido no centro do bolo saia limpo. Retire do forno e deixe esfriar por alguns minutos antes de servir. O bolo de aveia com cacau pode ser decorado com frutas frescas ou calda de chocolate, se desejar.

Bolo de Banana com Uvas-passas

Ingredientes:
- 3 bananas maduras
- 1 xícara de uvas-passas
- 2 xícaras de farinha de trigo
- 1 xícara de açúcar
- ½ xícara azeite
- 3 ovos
- 1 colher de chá de fermento em pó
- 1 colher de chá de canela em pó
- 1 pitada de sal

A uva-passa ajuda a prevenir doenças como o Alzheimer e o Parkinson.

Modo de preparo:
Pré-aqueça o forno a 180°C. Unte uma forma de bolo com manteiga ou óleo e polvilhe farinha. Em uma tigela grande, amasse as bananas até obter uma consistência homogênea. Adicione o açúcar, o azeite e os ovos. Misture bem. Em outra tigela, peneire a farinha de trigo, o fermento em pó, a canela em pó e o sal. Misture bem. Adicione a mistura de farinha à mistura de banana aos poucos, mexendo até que todos os ingredientes estejam bem combinados. Acrescente as uvas-passas à massa do bolo e misture novamente. Despeje a massa na forma previamente untada. Leve ao forno pré-aquecido por cerca de 40-45 minutos, ou até que um palito inserido no centro do bolo saia limpo. Retire o bolo do forno e deixe esfriar por alguns minutos antes de desenformar.

Bolo de Banana

Ingredientes:
- 3 bananas maduras
- 3 ovos
- 1 xícara de açúcar
- ½ xícara de azeite
- 1 xícara de farinha de trigo
- 1 colher de sopa de fermento em pó

A banana é aliada de quem pratica atividade física, reduz o estresse e ajuda a combater a insônia.

Modo de preparo:
Pré-aqueça o forno a 180ºC e unte uma forma com óleo e farinha. Em uma tigela, amasse as bananas com um garfo até obter um purê. Adicione os ovos, o açúcar e o azeite, misture bem. Acrescente a farinha de trigo e mexa até incorporar bem. Por último, adicione o fermento em pó e misture delicadamente. Despeje a massa na forma e leve ao forno por cerca de 30 minutos ou até que o bolo esteja dourado e firme. Deixe esfriar antes de servir.

Bolo de Cenoura com Cobertura de Chocolate

Ingredientes:
- 3 cenouras médias raladas
- 3 ovos
- ½ xícara de óleo vegetal ou azeite
- 2 xícaras de açúcar
- 2 xícaras de farinha de trigo
- 1 colher de sopa de fermento em pó

Para a cobertura:
- 1 pitada de sal
- 1 xícara de chocolate em pó
- ½ xícara de açúcar
- ½ xícara de leite
- 2 colheres de sopa de manteiga

Modo de preparo:
Em um liquidificador, bata as cenouras, os ovos e o óleo ou azeite até obter uma mistura homogênea. Em seguida, em uma tigela, misture o açúcar, a farinha de trigo, o fermento em pó e a pitada de sal. Adicione o conteúdo do liquidificador aos ingredientes secos e misture bem. Despeje a massa em uma forma untada e leve ao forno pré-aquecido a 180°C por cerca de 40 minutos, ou até que o bolo esteja assado. Enquanto o bolo assa, prepare a cobertura de chocolate. Em uma panela, misture o chocolate em pó, o açúcar, o leite e a manteiga. Leve ao fogo baixo, mexendo sempre, até a mistura engrossar e começar a desgrudar do fundo da panela. Despeje a cobertura sobre o bolo já assado e sirva.

O leite é uma escolha excelente para hidratação corporal por ser muito rico não só em água como em minerais.

Bolo de Chocolate

Ingredientes:
- 2 xícaras de farinha de trigo
- 1 xícara de cacau em pó
- 1 e ½ colher de chá de fermento em pó
- 1 e ½ colher de chá de bicarbonato de sódio
- 1 colher de chá de sal
- 2 xícaras de açúcar
- 2 ovos
- 1 xícara de leite
- ½ xícara de óleo vegetal ou azeite
- 2 colheres de chá de essência de baunilha
- 1 xícara de água fervente

O bicarbonato atua como um antiácido seguro e eficaz para aliviar a azia ou indigestão.

Modo de preparo:
Pré-aqueça o forno a 180°C. Unte uma forma redonda de aproximadamente 23 cm de diâmetro com manteiga e polvilhe cacau em pó (ou utilize papel manteiga no fundo da forma). Em uma tigela grande, peneire a farinha de trigo, o cacau em pó, o fermento em pó, o bicarbonato de sódio e o sal. Mexa bem. Em outra tigela, bata o açúcar e os ovos até obter uma mistura clara e fofa. Adicione o leite, o óleo vegetal ou azeite e a essência de baunilha à mistura de açúcar e ovos. Mexa bem. Acrescente gradualmente a mistura de ingredientes secos, alternando com a xícara de água fervente. Comece e termine com os ingredientes secos. Misture bem após cada adição, mas evite bater em excesso. Despeje a massa na forma preparada e leve ao forno pré-aquecido por cerca de 30-35 minutos, ou até que um palito inserido no centro do bolo saia limpo. Retire o bolo do forno e deixe esfriar na forma por alguns minutos. Em seguida, desenforme o bolo e deixe esfriar completamente. Depois de frio, você pode decorar o bolo de chocolate com uma cobertura de sua preferência, como ganache ou brigadeiro.

Bolo de Pão de Queijo

Ingredientes:
- 3 xícaras de polvilho azedo
- 1 xícara de queijo parmesão ralado
- 1 xícara de leite
- ½ xícara de óleo vegetal ou azeite
- 3 ovos
- 1 colher de chá de sal

O polvilho azedo é fonte de fibras vegetais e auxilia no trânsito intestinal.

Modo de preparo:
Pré-aqueça o forno a 180°C. Unte uma forma de bolo com manteiga ou óleo e reserve. Em uma tigela, misture o polvilho azedo e o queijo parmesão ralado. Em uma panela, aqueça o leite e o óleo ou azeite em fogo médio até ferver. Desligue o fogo assim que ferver. Despeje a mistura de leite quente sobre o polvilho e o queijo. Misture bem até que a massa fique homogênea. Adicione os ovos à massa, um de cada vez, misturando bem após cada adição. A massa deve ficar lisa e pegajosa. Acrescente o sal e misture novamente. Despeje a massa na forma de bolo untada e alise a superfície. Leve ao forno pré-aquecido e asse por cerca de 40 minutos, ou até que o bolo esteja dourado e firme ao toque. Retire do forno e deixe o bolo de pão de queijo esfriar um pouco antes de desenformar.

Bolo no Pote com Brigadeiro

Ingredientes:

Massa do bolo:
- 1 xícara de açúcar
- 1 xícara de farinha de trigo
- ½ xícara de óleo vegetal ou azeite
- 3 ovos
- 1 colher de sopa de fermento em pó
- ½ xícara de leite

Para o Brigadeiro:
- 1 lata de leite condensado
- 1 caixa de creme de leite
- 3 colheres de sopa de chocolate em pó
- Granulados para decorar

O chocolate fornece energia e melhora a capacidade cognitiva.

Modo de preparo:

Massa do bolo: em uma tigela, misture bem o açúcar, a farinha de trigo, o óleo ou azeite e os ovos. Adicione o fermento e o leite, e misture novamente até obter uma massa homogênea.

Brigadeiro: em uma panela, misture o leite condensado, o creme de leite e o chocolate em pó. Leve ao fogo baixo e mexa sem parar até que a mistura comece a desgrudar da panela.

Montagem: em potinhos para sobremesa, coloque uma camada de bolo na base. Em seguida, adicione uma camada de brigadeiro. Repita as camadas até preencher todo o pote. Finalize com granulados por cima. Leve à geladeira por cerca de 2 horas antes de servir.

Bolota de Cereais Caseira

Ingredientes:
- 1 e ½ xícaras de aveia em flocos
- ½ xícara de castanhas picadas
- ½ xícara de frutas secas picadas (como uva-passa, damasco, tâmaras)
- ½ xícara de mel ou xarope de agave
- ¼ xícara de óleo de coco
- 1 colher de chá de essência de baunilha
- ½ colher de chá de sal

O damasco diminui a ocorrência de acnes e melhora a digestão.

Modo de preparo:
Pré-aqueça o forno a 180°C e unte uma assadeira quadrada com óleo ou manteiga. Em uma tigela grande, misture a aveia, as castanhas e as frutas secas. Em uma panela pequena, aqueça o mel ou xarope de agave, o óleo de coco, a essência de baunilha e o sal em fogo médio, até que a mistura esteja quente e incorporada. Despeje a mistura líquida sobre a mistura de aveia, castanhas e frutas e mexa bem. Despeje tudo na assadeira untada e pressione para que fique uniforme e compacto. Asse por cerca de 25 minutos, ou até que as bordas estejam levemente douradas. Deixe esfriar completamente antes de formar pequenas bolotas. Armazene-as em um recipiente hermético para que durem por até uma semana.

Biscoito de Nata

Ingredientes:
- 200 g de manteiga sem sal, em temperatura ambiente
- 1 xícara de açúcar
- 2 gemas
- ½ xícara de nata
- 1 colher de chá de essência de baunilha
- 4 xícaras de farinha de trigo
- 1 colher de chá de fermento em pó

Modo de preparo:
Pré-aqueça o forno a 180°C e prepare uma assadeira forrada com papel manteiga. Em uma tigela grande, bata a manteiga e o açúcar até obter uma mistura cremosa e fofa. Adicione as gemas e bata novamente até incorporar bem. Acrescente a nata e a essência de baunilha e misture bem. Em outra tigela, peneire a farinha de trigo e o fermento em pó juntos. Aos poucos, adicione os ingredientes secos à mistura de manteiga e nata, mexendo até formar uma massa homogênea. Se necessário, utilize as mãos para finalizar a mistura. Polvilhe um pouco de farinha em uma superfície limpa e seca. Transfira a massa para a superfície e amasse levemente para formar um disco. Com um rolo, abra a massa até atingir uma espessura de aproximadamente 1 cm. Use cortadores de biscoito para cortar a massa em formatos desejados. Coloque os biscoitos na assadeira preparada, deixando um espaço entre eles. Leve ao forno pré-aquecido e asse por cerca de 12-15 minutos, ou até que os biscoitos estejam dourados nas bordas. Retire do forno e deixe os biscoitos esfriarem completamente antes de servir.

A nata é uma excelente fonte de proteína. Ajuda na prevenção dos danos ao cabelo e na manutenção da saúde das gengivas e dos dentes.

Dá água na boca!

Brigadeirão de Micro-ondas

Ingredientes:
- 1 lata de leite condensado
- 1 lata de creme de leite
- 4 ovos
- 3 colheres de sopa de chocolate em pó
- 1 colher de sopa de manteiga
- Chocolate granulado para decorar

Modo de preparo:

Em um liquidificador, adicione o leite condensado, o creme de leite, os ovos, o chocolate em pó e a manteiga. Bata bem até obter uma mistura homogênea. Despeje a mistura em uma forma de pudim própria para micro-ondas. Cubra a forma com uma tampa apropriada para micro-ondas ou utilize um papel filme para cobrir, deixando uma pequena abertura para permitir a saída do vapor. Leve ao micro-ondas em potência máxima por aproximadamente 8-10 minutos. O tempo pode variar de acordo com a potência do seu micro-ondas, portanto, fique de olho para evitar que o brigadeirão queime. Retire do micro-ondas e deixe esfriar por alguns minutos. Em seguida, leve à geladeira e deixe o brigadeirão esfriar completamente e ficar firme, geralmente por pelo menos 2 horas. Após refrigerar, desenforme o brigadeirão em um prato de servir e decore com chocolate granulado.

Brigadeiro de Colher

Ingredientes:
- 1 lata de leite condensado
- 1 colher de sopa de manteiga
- 3 colheres de sopa de achocolatado em pó
- ½ xícara de chá de creme de leite

Modo de preparo:
Em uma panela, junte o leite condensado, a manteiga e o achocolatado em pó. Cozinhe em fogo baixo, mexendo sempre, até que a mistura desgrude do fundo da panela e fique em ponto de brigadeiro. Desligue o fogo e misture o creme de leite até obter um creme homogêneo. Deixe esfriar e sirva em taças de sobremesa.

Dica: Se preferir, pode acrescentar alguns confeitos ou granulado por cima do brigadeiro de colher antes de servir.

O brigadeiro é o doce favorito dos brasileiros. Criado aqui, é conhecido no mundo inteiro.

Brownie de Batata-Doce

Ingredientes:
- 2 xícaras de batata-doce cozida e amassada
- ½ xícara de açúcar mascavo
- ½ xícara de óleo de coco
- ½ xícara de farinha de amêndoas
- ½ xícara de cacau em pó
- ½ colher de chá de sal
- 3 ovos
- 1 colher de chá de extrato de baunilha

A batata-doce fortalece o sistema imunológico. Seus sais minerais ainda ajudam a controlar a pressão arterial.

Modo de preparo:
Pré-aqueça o forno a 180°C. Em uma tigela grande, misture a batata-doce amassada, o açúcar mascavo e o óleo de coco até ficar homogêneo. Acrescente a farinha de amêndoas, o cacau em pó e o sal e misture novamente. Em outra tigela, bata os ovos e o extrato de baunilha até espumar. Adicione aos poucos à mistura de batata-doce, mexendo sempre até ficar homogêneo. Despeje a mistura em uma assadeira untada com óleo de coco e leve ao forno por cerca de 25-30 minutos, ou até que um palito inserido no centro saia limpo. Deixe esfriar por alguns minutos antes de cortar em quadrados e servir.

Cereais com Chocolate

Ingredientes:
• 200 g de chocolate ao leite ou meio amargo
• 1 xícara de cereais (por exemplo, flocos de milho, flocos de arroz ou granola)

Os flocos de milho protegem a visão e melhoram a saúde intestinal.

Modo de preparo:
Quebre o chocolate em pedaços pequenos e coloque-os em um recipiente próprio para micro-ondas. Derreta o chocolate aos poucos, de 30 em 30 segundos, para não queimar. Mexa o chocolate constantemente até derreter completamente e ficar liso. Adicione os cereais à tigela com o chocolate derretido e misture bem, garantindo que todos os cereais fiquem cobertos pelo chocolate. Forre uma assadeira com papel manteiga. Com uma colher, pegue porções da mistura de chocolate com cereais e coloque-as na assadeira, formando pequenas porções ou montinhos. Repita o processo até acabar toda a mistura. Leve a assadeira à geladeira por cerca de 1 hora ou até que o chocolate esteja completamente endurecido.

Cheesecake

É muito apetitoso!

Ingredientes:
• 200 g de biscoitos (por exemplo, biscoitos Maria ou biscoitos de chocolate)
• 100 g de manteiga derretida
• 500 g de cream cheese (queijo cremoso)
• 200 g de açúcar
• 4 ovos
• 1 colher de chá de essência de baunilha
• Suco de meio limão
• 200 ml de creme de leite fresco

Para a cobertura:
• Frutas frescas (morangos, mirtilos, framboesas, etc.)
• Geleia de frutas vermelhas ou geleia de sua preferência

Modo de preparo:
Pré-aqueça o forno a 180°C. Triture os biscoitos até obter uma farofa fina. Em seguida, misture a manteiga derretida com os biscoitos triturados até obter uma massa homogênea. Pressione a massa de biscoitos em uma forma de fundo removível, cobrindo toda a superfície. Leve ao forno por cerca de 10 minutos para que a base fique crocante. Enquanto a base está no forno, prepare o recheio. Em uma tigela grande, bata o cream cheese com o açúcar até obter uma mistura cremosa e homogênea. Adicione os ovos, um de cada vez, batendo bem após cada adição. Acrescente a essência de baunilha e o suco de limão e misture até incorporar todos os ingredientes. Por último, adicione o creme de leite fresco à mistura e mexa até que fique bem combinado. Retire a base de biscoitos do forno e despeje cuidadosamente a mistura de cream cheese sobre ela. Leve a forma ao forno e asse por aproximadamente 50-60 minutos, ou até que a parte de cima do cheesecake esteja levemente dourada e o centro ainda ligeiramente cremoso. Retire o cheesecake do forno e deixe esfriar completamente antes de refrigerar. De preferência, deixe na geladeira por pelo menos 4 horas (ou, idealmente, durante à noite) para firmar bem. Quando estiver pronto para servir, retire o cheesecake da forma removível. Despeje a cobertura de geleia e decore com frutas.

Cookies de Pasta de Amendoim

Ingredientes:
- 1 xícara de pasta de amendoim
- ½ xícara de açúcar mascavo
- 1 ovo
- 1 colher de chá de extrato de baunilha
- ½ colher de chá de bicarbonato de sódio
- Uma pitada de sal

O amendoim ajuda a melhorar o humor, previne diabetes e promove saciedade.

Modo de preparo:
Pré-aqueça o forno a 180°C e forre uma assadeira com papel manteiga. Em uma tigela grande, misture a pasta de amendoim, o açúcar mascavo, o ovo e o extrato de baunilha. Mexa bem até obter uma mistura homogênea. Adicione o bicarbonato de sódio e o sal à massa e misture novamente até que todos os ingredientes estejam bem incorporados. Com as mãos, forme pequenas bolas de massa e coloque-as na assadeira preparada. Deixe espaço suficiente entre os cookies, pois eles vão se espalhar um pouco durante o cozimento. Usando um garfo, pressione levemente cada cookie para criar uma marca cruzada. Leve a assadeira ao forno pré-aquecido e asse os cookies por cerca de 10-12 minutos, ou até que as bordas estejam douradas. Retire os cookies do forno e deixe-os esfriar na assadeira por alguns minutos antes de servir.

Creme de Papaia com Laranja

Ingredientes:
- 1 mamão papaia maduro
- 1 laranja
- 1 xícara de leite
- ½ lata de leite condensado
- ½ caixinha de creme de leite

Modo de preparo:
Descasque e pique o mamão papaia. Esprema o suco da laranja em um recipiente. Em um liquidificador, adicione o mamão picado, o suco de laranja, o leite, o leite condensado e o creme de leite. Bata tudo em velocidade alta até obter uma mistura homogênea e cremosa. Coloque em taças individuais e leve à geladeira por pelo menos 30 minutos antes de servir. Caso queira, decore com fatias de laranja e folhas de hortelã.

A laranja ajuda na digestão, fortalece o sistema imunológico e previne pedras nos rins.

Docinho de Leite em Pó

Ingredientes:
- 1 lata de leite condensado
- 4 colheres de sopa de leite em pó
- Açúcar refinado ou leite em pó para polvilhar

O leite em pó é constituído principalmente de leite de vaca, que foi desidratado até ficar totalmente seco.

Modo de preparo:
Em uma panela, adicione o leite condensado e o leite em pó. Leve a panela ao fogo baixo e mexa bem até a mistura começar a desgrudar do fundo da panela e formar uma massa consistente. Retire a panela do fogo e deixe a massa esfriar bem. Com as mãos levemente untadas com manteiga ou margarina, faça pequena bolinhas com a massa. Passe as bolinhas no açúcar refinado ou no leite em pó e coloque-as em forminhas de papel. Repita o processo até acabar a massa. Deixe os docinhos descansarem por cerca de 1 hora em temperatura ambiente para firmarem um pouco. Sirva os docinhos de leite em pó em seguida ou armazene-os em um recipiente bem fechado na geladeira.

Gelatina com Iogurte

Ingredientes:
- 1 pacote de gelatina em pó sem sabor
- ¼ de xícara de água fria
- 1 xícara de iogurte natural ou sabor de sua preferência
- 2 colheres de sopa de açúcar (opcional)
- Morangos picados (opcional)

O iogurte é uma excelente fonte de proteínas.

Modo de preparo:
Em uma tigela pequena, misture a gelatina em pó com a água fria. Deixe descansar por cerca de 5 minutos para hidratar. Em uma panela, aqueça a gelatina hidratada em fogo baixo, mexendo constantemente, até que a gelatina esteja completamente dissolvida. Isso deve levar cerca de 2-3 minutos. Retire a panela do fogo e deixe a gelatina esfriar um pouco. Em outra tigela, misture o iogurte e o açúcar (se estiver usando) até ficar homogêneo. Adicione a gelatina dissolvida à mistura de iogurte e mexa bem para incorporar completamente. Se desejar, adicione morangos picados à mistura de gelatina e iogurte. Despeje a mistura em taças individuais ou em uma forma de gelatina. Leve à geladeira e deixe por pelo menos 3-4 horas, ou até que a gelatina esteja completamente firme. Você pode personalizar essa receita adicionando frutas frescas, granola ou até mesmo camadas de diferentes sabores de gelatina.

Delícia natural!

Iogurte Caseiro

Ingredientes:
- 1 litro de leite (pode ser integral, semidesnatado ou desnatado)
- 2 colheres de sopa de iogurte natural (sem adição de açúcar ou aromas)

Modo de preparo:
Aqueça o leite em fogo médio até que ele comece a ferver. Mexa ocasionalmente para evitar que o leite queime no fundo da panela. Assim que o leite ferver, desligue o fogo e deixe esfriar até atingir uma temperatura morna (aproximadamente 43°C). Você pode usar um termômetro de cozinha para verificar a temperatura ou pedir a um adulto para checar colocando um pouquinho na palma da mão - deve estar quente, mas não tão quente que ele precise retirá-lo imediatamente. Enquanto o leite esfria, misture as 2 colheres de sopa de iogurte natural em uma tigela separada até ficar homogêneo. Quando o leite estiver morno, adicione-o à tigela com o iogurte e misture bem. Cubra a tigela com uma tampa ou pano limpo e coloque-a em um lugar quente (aproximadamente 8 a 12 horas). Isso permitirá que o iogurte fermente e engrosse. Depois de fermentado, leve o iogurte à geladeira por algumas horas para esfriar completamente e ficar mais consistente. O iogurte caseiro está pronto para ser consumido! Você pode adicionar frutas frescas, mel, granola ou qualquer outro ingrediente de sua preferência.

Mousse de Chocolate

Ingredientes:
- 200 g de chocolate meio amargo
- 4 ovos
- ¼ de xícara de açúcar
- 1 colher de chá de essência de baunilha
- Uma pitada de sal
- 1 xícara de creme de leite fresco

Modo de preparo:
Derreta o chocolate: você pode fazer isso em banho-maria ou no micro-ondas. Se optar pelo micro-ondas, aqueça o chocolate em intervalos de 30 segundos, mexendo bem a cada pausa, até que esteja completamente derretido. Reserve e deixe esfriar um pouco. Separe as gemas das claras em duas tigelas diferentes. Na tigela das gemas, adicione o açúcar e a essência de baunilha. Bata bem até obter uma mistura clara e fofa. Adicione o chocolate derretido às gemas batidas e misture até ficar homogêneo. Em outra tigela, bata as claras em neve com uma pitada de sal. Bata até ficar firme. Em seguida, adicione delicadamente as claras em neve à mistura de chocolate e gemas. Faça isso em etapas, incorporando cuidadosamente as claras com uma espátula, para manter a textura aerada. Em uma terceira tigela, bata o creme de leite fresco até obter ponto de chantilly. Adicione o chantilly à mistura de chocolate e gemas, novamente incorporando delicadamente com uma espátula. Divida a mousse em taças individuais ou em uma travessa grande. Leve à geladeira por pelo menos 2 horas para firmar. Após o tempo de geladeira, a mousse estará pronta para ser servida. Você pode decorar com raspas de chocolate, chantilly ou frutas, se desejar..

A baunilha tem funções calmantes e ajuda na digestão e na saúde cardiovascular.

Macarons

Ingredientes:
- 150 g de farinha de amêndoas
- 150 g de açúcar de confeiteiro
- 55 g de claras de ovo (cerca de 2 claras médias)
- 50 g de açúcar granulado
- Corante alimentar em gel (opcional)
- Recheio de sua preferência (ganache de chocolate, creme de manteiga, geleia, etc.)

Modo de preparo:

Pré-aqueça o forno a 180°C e forre duas assadeiras com papel manteiga. Em uma tigela, peneire a farinha de amêndoas e o açúcar de confeiteiro juntos. Descarte qualquer pedaço grande que não passe pela peneira. Em outra tigela, comece a bater as claras de ovo em velocidade média até formar espuma. Em seguida, adicione o açúcar granulado em três partes, batendo bem após cada adição. Continue batendo até obter uma consistência firme. Se desejar, adicione o corante alimentar em gel à mistura de claras de ovo e mexa até obter a cor desejada. Adicione metade da mistura de farinha de amêndoas e açúcar de confeiteiro às claras de ovo batidas. Com uma espátula, mexa delicadamente de baixo para cima, fazendo movimentos circulares, até que os ingredientes estejam incorporados. Adicione o restante da mistura de farinha e repita o processo de incorporação. Coloque a massa em um saco de confeitar com bico redondo liso. Em seguida, faça pequenos discos de massa sobre o papel manteiga, mantendo uma distância de cerca de 2-3 cm entre eles. Bata suavemente a assadeira na bancada algumas vezes para liberar possíveis bolhas de ar na massa. Isso ajudará a evitar que os macarons rachem durante o cozimento. Deixe os macarons descansarem em temperatura ambiente por cerca de 30 minutos, até que uma película se forme na superfície deles. Isso é importante para ajudar a criar a característica casca crocante. Leve ao forno pré-aquecido por aproximadamente 12-15 minutos. Verifique se os macarons estão prontos tocando levemente um deles com um garfo; eles devem estar firmes e não grudarem no garfo. Retire do forno e deixe esfriar completamente nas assadeiras. Depois que os macarons esfriarem, retire-os cuidadosamente do papel manteiga. Se necessário, use uma espátula para ajudar a soltá-los. Agora você pode rechear os macarons com o recheio de sua preferência. Use uma colher pequena ou um saco de confeitar para adicionar o recheio no centro de um macaron e, em seguida, pressione suavemente outro macaron por cima para formar um sanduíche.

A amêndoa é um alimento rico em magnésio, o que ajuda o sistema nervoso em caso de estresse ou fadiga. Além disso, ajuda a regular a glicose e promover a sensação de saciedade.

Mousse de Limão

Ingredientes:
- 1 lata de leite condensado
- 1 lata de creme de leite
- Suco de 3 limões
- Raspas de limão (opcional, para decorar)

O limão é uma fruta rica em vitamina C, por isso, é muito bom para o sistema imunológico.

Modo de preparo:
Em uma tigela, misture o leite condensado e o suco dos limões até obter uma mistura homogênea. Adicione o creme de leite à mistura e mexa delicadamente até ficar bem incorporado. Distribua a mistura em taças individuais ou em uma travessa grande. Leve à geladeira por pelo menos 2 horas, ou até que a mousse esteja firme. Antes de servir, você pode decorar com raspas de limão por cima, se desejar. Essa receita rende aproximadamente 6 porções.

Palha Italiana

Irresistível!

Ingredientes:
- 200 g de biscoito maisena
- 1 lata de leite condensado
- 2 colheres de sopa de cacau em pó
- 1 colher de sopa de manteiga
- 100 g de chocolate meio amargo (picado ou em gotas)

Modo de preparo:
Triture os biscoitos maisena em um processador de alimentos ou coloque-os em um saco plástico e esmague com um rolo de macarrão até obter uma textura de migalhas. Reserve. Em uma panela, coloque o leite condensado, o cacau em pó e a manteiga. Misture bem até obter uma massa homogênea. Leve a panela ao fogo baixo e continue mexendo sem parar, para evitar que a mistura grude no fundo. Cozinhe por cerca de 5 minutos ou até que a massa comece a desgrudar do fundo da panela. Retire a panela do fogo e adicione os biscoitos triturados à mistura, mexendo rapidamente para incorporá-los por completo. Acrescente o chocolate meio amargo picado ou em gotas e misture até que ele derreta e se incorpore completamente à massa. Forre uma forma retangular ou quadrada com papel manteiga. Despeje a massa da palha italiana na forma e espalhe de maneira uniforme. Leve a forma à geladeira por pelo menos 2 horas ou até que a palha italiana esteja firme. Após o tempo de resfriamento, retire a palha italiana da forma e corte em quadrados ou retângulos do tamanho desejado.

Panqueca de Banana

Ingredientes:
- 1 xícara de farinha de trigo
- 1 colher de sopa de açúcar
- 1 colher de chá de fermento em pó
- ½ colher de chá de bicarbonato de sódio
- ¼ colher de chá de sal
- 1 xícara de leite
- 1 ovo
- 2 colheres de sopa de manteiga derretida
- 2 bananas maduras amassadas
- Azeite para untar a frigideira

O ovo ajuda no controle da pressão arterial.

Modo de preparo:
Em uma tigela grande, misture a farinha de trigo, o açúcar, o fermento em pó, o bicarbonato de sódio e o sal. Em outra tigela, bata o leite, o ovo e a manteiga derretida. Despeje a mistura líquida na tigela dos ingredientes secos e mexa até ficar homogêneo. Adicione as bananas amassadas à massa e misture bem. Aqueça uma frigideira em fogo médio e unte com um pouco de azeite. Despeje cerca de ¼ de xícara da massa na frigideira para formar cada panqueca. Cozinhe por cerca de 2-3 minutos, ou até que a superfície esteja cheia de bolhas e as bordas estejam firmes. Vire a panqueca com uma espátula e cozinhe por mais 1-2 minutos, ou até dourar. Repita o processo com o restante da massa. Sirva quente, com mel, frutas frescas ou qualquer outro acompanhamento de sua preferência.

Petit Gateau

Um clássico!

Ingredientes:
- 200 g de chocolate meio amargo
- 200 g de manteiga
- 4 ovos
- 4 gemas
- 1 xícara (200 g) de açúcar
- ½ xícara (60 g) de farinha de trigo
- Manteiga e farinha de trigo para untar as formas
- Açúcar de confeiteiro para polvilhar (opcional)
- Sorvete de baunilha

Modo de preparo:
Pré-aqueça o forno a 200°C. Unte as formas de petit gateau com manteiga e polvilhe farinha de trigo, retirando o excesso. Em uma tigela, quebre o chocolate em pedaços e adicione a manteiga. Leve a tigela ao micro-ondas ou banho-maria, derretendo o chocolate e a manteiga juntos. Mexa bem até obter uma mistura homogênea. Em outra tigela, bata os ovos, as gemas e o açúcar com um fouet (batedor de arame) até obter uma mistura cremosa. Adicione a mistura de chocolate derretido aos ovos batidos com açúcar, mexendo bem. Acrescente a farinha de trigo peneirada à massa e misture delicadamente até incorporar todos os ingredientes. Distribua a massa nas formas untadas, preenchendo cerca de 3/4 de cada uma. Leve as formas ao forno pré-aquecido e asse por aproximadamente 8-10 minutos. O centro do petit gateau deve ficar líquido. Retire do forno e espere esfriar por cerca de 1 minuto. Desenforme cuidadosamente em pratos individuais. Se desejar, polvilhe açúcar de confeiteiro sobre os petit gateau e sirva-os acompanhados de uma bola de sorvete de baunilha.

Pudim de Leite Condensado

No dia 22 de maio se comemora o Dia Nacional do Pudim.

Ingredientes:
- 1 lata de leite condensado (395 g)
- 2 latas de leite (utilize a lata de leite condensado vazia para medir)
- 4 ovos
- 1 colher de chá de essência de baunilha
- 1 xícara de açúcar (para fazer a calda)

Modo de preparo:
Pré-aqueça o forno a 180°C. Para fazer a calda, coloque o açúcar em uma forma de pudim ou em uma forma com furo no meio. Leve ao fogo baixo e deixe o açúcar derreter, mexendo ocasionalmente até obter uma calda dourada. Tome cuidado para não queimar. Assim que a calda estiver pronta, espalhe-a por toda a forma, cobrindo o fundo e as laterais. No liquidificador, adicione o leite condensado, o leite, os ovos e a essência de baunilha. Bata bem até obter uma consistência homogênea. Despeje a mistura do pudim na forma caramelizada, sobre a calda de açúcar. Cubra a forma com papel alumínio e leve ao forno pré-aquecido em banho-maria. Para fazer o banho-maria, coloque a forma do pudim dentro de uma assadeira maior e adicione água na assadeira até atingir metade da altura da forma do pudim. Asse o pudim em banho-maria por aproximadamente 1 hora. Para verificar se está pronto, faça o teste do palito: insira um palito de dente no pudim e, se sair limpo, o pudim está pronto. Retire o pudim do forno e deixe esfriar completamente. Depois, leve-o à geladeira por algumas horas ou durante à noite para firmar. Para desenformar o pudim, passe uma faca pelas laterais da forma para soltá-lo. Coloque um prato de servir sobre a forma e vire de cabeça para baixo com cuidado.

Salada de Frutas com Iogurte

Ingredientes:
- Frutas frescas de sua preferência (exemplos: morangos, uvas, maçãs, bananas, kiwis, abacaxis, mangas, etc.)
- 1 xícara de iogurte natural (pode ser iogurte grego ou qualquer outro de sua preferência)
- 1 colher de sopa de mel (opcional, para adoçar)

O iogurte contribui para o aumento da massa muscular e atua na prevenção da osteoporose.

Modo de preparo:
Lave e corte as frutas em pedaços pequenos. Você pode escolher as frutas de acordo com sua preferência pessoal e com o que estiver disponível na estação. Em uma tigela grande, coloque as frutas cortadas e adicione o iogurte natural por cima delas. Se desejar adoçar a salada de frutas, regue com mel e misture suavemente. Misture tudo delicadamente para que as frutas fiquem cobertas pelo iogurte. Deixe a salada de frutas na geladeira por cerca de 15-30 minutos para que fique bem fresquinha. Sirva em tigelas individuais ou copos e desfrute! Você também pode adicionar ingredientes como granola, castanhas picadas, coco ralado ou até mesmo um pouco de hortelã para decorar.

Sorvete de Banana

Ingredientes:
- 4 bananas maduras
- ½ xícara de leite
- 2 colheres de sopa de açúcar (opcional, dependendo do quão doce você quer o sorvete)
- 1 colher de chá de essência de baunilha
- Opcional: chocolate em pedaços, nozes, coco ralado, etc.

A banana previne câimbras porque contém potássio.

Modo de preparo:
Descasque as bananas maduras e corte-as em rodelas. Coloque as rodelas de banana em um saco plástico ou recipiente hermético e leve ao congelador por pelo menos 2 horas ou até que estejam bem congeladas. Retire as bananas congeladas do freezer e deixe-as descansar em temperatura ambiente por alguns minutos para amolecerem um pouco. Coloque as bananas no liquidificador ou processador de alimentos. Adicione o leite, o açúcar e a essência de baunilha e misture até obter uma consistência cremosa e homogênea. Se desejar, acrescente também os ingredientes adicionais e pulse rapidamente para incorporá-los. Despeje o sorvete em um recipiente adequado para congelamento e cubra com uma tampa ou plástico filme. Coloque-o no freezer por pelo menos mais 2 horas para firmar. Antes de servir, retire o sorvete de banana do freezer e deixe-o descansar por alguns minutos para amolecer um pouco.

Taça de Morango

Ingredientes:
- 1 xícara de morangos frescos, lavados e cortados em fatias
- 2 colheres de sopa de açúcar
- 1 colher de chá de suco de limão
- 1 xícara de creme de leite fresco
- 2 colheres de sopa de açúcar de confeiteiro
- ½ colher de chá de essência de baunilha
- Biscoitos champanhe ou biscoitos de sua preferência para decorar

O morango ajuda a controlar o colesterol.

Modo de preparo:
Em uma tigela pequena, misture os morangos fatiados, o açúcar e o suco de limão. Deixe descansar por cerca de 15 minutos para que o açúcar dissolva e os morangos liberem seu suco. Enquanto isso, em uma tigela grande, bata o creme de leite fresco com um batedor de arame ou uma batedeira elétrica, até começar a engrossar para fazer o chantilly. Adicione o açúcar de confeiteiro e a essência de baunilha, e continue batendo até obter uma consistência firme. Em taças individuais ou em uma taça grande, coloque uma camada de morangos macerados no fundo e cubra com uma camada generosa de creme chantilly. Repita as camadas até que a taça esteja cheia, terminando com uma camada de chantilly. Decore a taça com morangos frescos e biscoitos champanhe ou biscoitos esfarelados. Leve à geladeira por pelo menos 1 hora antes de servir, para que os sabores se misturem e a taça fique bem gelada. Se preferir, adicione calda de chocolate, amêndoas torradas picadas ou outras frutas frescas.

Tiramisu

Ingredientes:
- 200 g de biscoitos tipo "savoardi" (ou biscoitos champanhe)
- 250 g de queijo mascarpone
- 3 gemas
- 100 g de açúcar
- 250 ml de creme de leite fresco
- 1 xícara de café forte
- 2 colheres de sopa de cacau em pó
- Chocolate em pó para polvilhar

Modo de preparo:
Em uma tigela, misture as gemas e o açúcar até obter uma consistência homogênea. Adicione o queijo mascarpone e misture bem. Em outra tigela, bata o creme de leite até obter uma consistência firme. Em seguida, incorpore-o delicadamente à mistura de queijo mascarpone. Coloque o café em um prato fundo e mergulhe rapidamente os biscoitos na bebida, um de cada vez, em seguida, coloque-os em uma travessa ou em taças individuais, formando uma camada no fundo. Cubra a camada de biscoitos com metade da mistura de queijo mascarpone. Repita o processo com outra camada de biscoitos embebidos em café e cubra com o restante da mistura de queijo mascarpone. Polvilhe cacau generosamente sobre a última camada do tiramisu. Leve à geladeira por pelo menos 4 horas antes de servir.

O café melhora a memória, a concentração e estimula o metabolismo.

Milkshake de Chocolate

Ingredientes:
- 3 bolas de sorvete de creme
- ½ xícara de chá de leite integral
- 6 unidades de biscoito de chocolate de sua preferência
- Chantilly
- Calda de chocolate pronta (para decorar)

Modo de preparo:
Em um liquidificador, bata o sorvete, o leite e 4 biscoitos até a mistura ficar homogênea. Despeje um pouco da calda de chocolate no fundo e laterais de um copo alto. Em seguida, coloque todo o conteúdo do liquidificador nesse copo. Decore com chantilly e os 2 biscoitos restantes. Sirva a seguir.

Tomar leite melhora consideravelmente a ingestão de minerais vitais e vitaminas. Uma pessoa que consome leite integral duplica suas chances de atingir a exigência diária de cálcio.

Banana com Chocolate

Ingredientes:
- 6 bananas nanicas maduras (firmes)
- 340 g (mais ou menos 2 barras) de chocolate ao leite
- 12 palitos de sorvete
- Nozes, pedaços de chocolate, amêndoas (para polvilhar)

A noz gera sensação de saciedade e faz com que você coma menos.

Modo de preparo:
Tire as cascas das bananas, corte-as na metade (na vertical) e enfie os palitos nas extremidades cortadas. Pique as barras de chocolate em pedaços pequenos, coloque em um recipiente refratário e leve ao micro-ondas até derreter completamente (coloque de 30 em 30 segundos, mexendo entre cada aquecimento). Em seguida, segurando pelo palito, mergulhe as bananas no chocolate derretido e coloque-as em uma bandeja forrada com papel manteiga até o chocolate secar um pouco. Quando o chocolate estiver quase seco, passe as bananas nas nozes, pedaços de chocolate ou amêndoas e espere secar totalmente antes de servir.

Salame de Chocolate

Ingredientes:
- 400 g de bolacha Maria
- 200 g de cacau em pó
- 1 lata de leite condensado
- 4 colheres de margarina

Modo de preparo:
Derreta a margarina e misture-a ao cacau em pó e ao leite condensado. Quebre as bolachas grosseiramente com as mãos, não as triture, e acrescente-as aos outros ingredientes. Coloque a mistura em um saquinho plástico e modele até ficar com formato de salame. Coloque no freezer por 20 minutos e está pronto. Mantenha-o na geladeira até a hora de consumir.

Tanto a manteiga quanto a margarina são gorduras. Elas se diferenciam pela origem: a manteiga é uma gordura de origem animal, já a margarina é uma gordura vegetal.

Rabanada

Ingredientes:

- 1 baguete ou pão francês do dia anterior (aproximadamente 4 a 6 fatias)
- 2 xícaras de leite
- 4 ovos
- ½ xícara de açúcar
- 1 colher de chá de extrato de baunilha
- 1 colher de chá de canela em pó
- Óleo para fritar
- Açúcar de confeiteiro e canela em pó para polvilhar

A canela combate o estresse e trata gripes e resfriados.

Modo de preparo:

Corte o pão em fatias com cerca de 2 cm de espessura. Se preferir, retire as cascas. Em uma tigela rasa, misture o leite, os ovos, o açúcar, a baunilha e a canela em pó. Bata bem até obter uma mistura homogênea. Mergulhe cada fatia de pão na mistura de leite e ovos, deixando-a ensopar por alguns segundos de cada lado. Em uma frigideira grande, aqueça o óleo em fogo médio-alto e frite as fatias. Frite cada lado até ficar dourado e crocante (aproximadamente 2-3 minutos de cada lado). Retire as rabanadas da frigideira e coloque-as em um prato forrado com papel toalha para absorver o excesso de óleo. Para finalizar, polvilhe as rabanadas com açúcar de confeiteiro e canela em pó.